EUROPA DIGITALE

Settanta domande su diritti e
regole nell'era dell'IA

Carmelo Greco
Roberto Sammarchi

Parma & Sammarchi - Imprese e diritti

Copyright novembre 2024 - Prima edizione

Parma & Sammarchi - Imprese e diritti
Casalecchio di Reno (BO)

parmasammarchi.it

SOMMARIO

Frontespizio

Preambolo

Introduzione — 1

1. Premessa per il lettore — 4
2. Tutela dei dati personali — 24
3. Sicurezza digitale — 48
4. Sicurezza fisica dei lavoratori — 72
5. Diritti dei lavoratori e nuove tecnologie — 98
6. Prodotti, macchine, impianti — 126
7. AI ACT e nuovo quadro europeo — 154

Conclusioni — 175

Principali norme di riferimento per le materie trattate — 177

Gli Autori — 181

PREAMBOLO

L'Unione europea è il contesto politico-sociale più regolato al mondo. Tale situazione ha origine in diversi fenomeni che concorrono alla generazione di un sistema giuridico estremamente complesso, fra i quali possiamo ricordare:

a) la stratificazione del diritto, che vede il concorso di norme nazionali ed europee;

b) la volontà di armonizzare i diritti nazionali superandoli e integrandoli in una visione coordinata;

c) il forte richiamo ai diritti fondamentali e al «*(droit) acquis communautaire*» che tende a unificare visioni, obiettivi e obblighi degli Stati membri in una sintesi spesso non agevole;

d) le funzioni originarie di regolazione del mercato comune, che si sono concentrate sugli standard, sui vincoli e sui controlli.

Questo libro nasce dal dialogo fra un giornalista e un avvocato che da molti anni si occupano di tecnologia digitale e contiene le risposte a settanta domande per orientarsi fra le norme UE che disegnano il nostro futuro tecnologico.

Gli autori hanno condiviso lo scopo di offrire un compendio per la consultazione da parte di chi non è ancora un esperto di diritto della tecnologia digitale e, per esigenze professionali o per interesse personale, intende iniziare un percorso di conoscenza e approfondimento in questa materia.

Dopo avere individuato le principali norme da approfondire e presentare nelle loro correlazioni, tutti i testi sono stati utilizzati come base di conoscenza di un sistema di intelligenza artificiale. Abbiamo poi creato una struttura di prompt per ricercare le correlazioni fra i testi, i temi prevalenti e le possibili interpretazioni coordinate di questioni di carattere pratico. Il tutto, seguito da un lungo lavoro di controllo e rielaborazione umano, ha prodotto il testo ora consegnato ai lettori.

Il libro non è pensato necessariamente come uno strumento

da leggere dalla prima all'ultima pagina. La particolare modalità di sviluppo ha reso i blocchi compresi nei 7 capitoli sostanzialmente autonomi, nel senso che ciascuno di essi comprende tutti i concetti essenziali per il tema affrontato. Per raggiungere questo scopo, gli autori hanno scelto di permettere un certo grado di ridondanza, che vede alcuni temi fondamentali (ad esempio la disciplina dei dati personali) presenti in modo organico in più contesti. Il punto di vista e di ingresso nel tema cambia tuttavia ogni volta, e leggendo più capitoli la visione si allarga e completa.

Infine, una dedica. Questo testo è pensato anche per chi non ha mai pensato di studiare un manuale universitario di diritto, tuttavia vuole formarsi una visione sufficientemente chiara e precisa delle norme europee in materia di tecnologia digitale. Il libro è dedicato anzitutto a questi lettori, con la speranza che dopo il primo passo sorga l'interesse a proseguire.

Dunque, buona lettura!

Gli autori

INTRODUZIONE

Parlare di innovazione in generale, e di innovazione tecnologica in particolare, suscita spesso discussioni molto accese. Segno che, nonostante il tema si presti in apparenza a essere affrontato in maniera neutrale, le sue implicazioni sono talmente significative per la vita e il lavoro delle persone da non lasciare indifferenti. Fin dagli albori della prima rivoluzione industriale fenomeni di protesta, come quello del luddismo, hanno testimoniato che l'introduzione delle macchine nei processi produttivi non è avvenuta con il placido avallo di coloro che in teoria avrebbero potuto beneficiarne. Se dal Settecento poi arriviamo ai giorni nostri, l'elenco degli esponenti della *Rivoluzione antitecnologica* (per usare il titolo del libro scritto da Theodore Kaczynski, noto soprattutto per il suo soprannome Unabomber conquistato come attentatore) si è allungato di anno in anno, talvolta intrecciandosi con filoni antimodernisti di varia natura. Con buona pace dei detrattori, è evidente che qualsiasi opposizione all'avanzata della tecnica è destinata a rimanere sconfitta. Lo dice bene Massimo Temporelli nel suo libro *Noi siamo tecnologia* (Mondadori, 2021), quando sostiene che «il nostro paesaggio, interiore ed esteriore, è tecnologico». A conferma di questa tesi invita a pensare la nostra vita «senza una forchetta, o senza il vetro, le strade, il riscaldamento, l'acquedotto, il forno, le molle del letto…». Fino a concludere che «noi Homo Sapiens abbiamo bisogno della tecnologia per sopravvivere, non possiamo spegnerla, escluderla o combatterla: sarebbe come boicottare noi stessi e la nostra esistenza».
Oltre che per i tanti usi quotidiani in cui il ricorso alle innovazioni tecnologiche è diventato imprescindibile, si potrebbe dire lo stesso per tutti i lavori che ci vedono impegnati nei nostri rispettivi campi d'azione. A cominciare da quelli esercitati dai due autori di questo libro, avvocato e giornalista. Mestieri entrambi cambiati enormemente dall'avvento dei

software di videoscrittura e in seguito alla diffusione di sistemi di messaggistica come l'email. Su questo tipo di messaggistica, poi, si sono innestate una serie di innovazioni con l'intento di certificare la validità dello scambio tra utenti in maniera tale da garantirne autenticità e tracciabilità. La PEC (Posta elettronica certificata) è un caso direttamente collegabile alla mail, ma anche la fatturazione elettronica, di fatto sostitutiva del modello di fatturazione tradizionale, potrebbe essere considerata un frutto maturo della trasposizione in ambito digitale delle regole in uso nel mondo "fisico". Il che ci porta a un elemento in più rispetto a quelli evidenziati da Temporelli in merito al legame fra tecnologia e vita.

Qualsiasi innovazione e qualsiasi tecnologia sollecitano l'uomo nella sua veste di titolare di diritti e doveri. In altri termini, non possono non ricadere nell'ampia sfera dello *Ius*, del diritto attraverso un dialogo tra due mondi, cioè quello del diritto e quello dell'innovazione tecnologica, in costante divenire. In questi ultimi anni l'Unione europea ha cercato di fornire un quadro normativo coeso che rispondesse ai tanti cambiamenti innescati dalle innovazioni tecnologiche. Si tratta di un tentativo tuttora in corso, stante la maggiore velocità della digital trasformation rispetto ai tempi del legislatore, europeo o meno che sia. Certamente molto si è fatto e molto ancora c'è da fare.

Questo libro prova a rispondere alle più comuni domande che oggi, nell'era dell'intelligenza artificiale, si focalizzano sui temi della privacy, della sicurezza fisica e digitale, dei diritti dei lavoratori nel contesto delle nuove tecnologie e delle norme sui prodotti, le macchine e gli impianti. Senza l'ambizione dell'esaustività, vuole essere uno strumento sintetico e agile per chiunque - imprenditore, professionista, dipendente - voglia avere un quadro ragionato delle norme europee in materia.

I testi delle norme e i manuali giuridici sono spesso di lettura indigesta per coloro la cui professione non è in senso stretto quella di operatori del diritto, con il risultato poco felice di una diffusa non conoscenza delle norme e delle loro implicazioni pratiche. Oggi ad esempio tutti parlano del Regolamento europeo sull'intelligenza artificiale, ma fortunatamente - almeno dal punto di vista dell'utilità di questo libro - quasi nessuno sembra averlo letto dalla prima all'ultima delle sue 144 pagine.

Chi vorrà seguirci troverà esposti con precisione temi e problemi che riguardano il diritto della tecnologia digitale, senza smarrire il senso di una lettura, se non proprio piacevole, almeno caratterizzata dal tentativo di accompagnare il lettore in percorsi articolati ma accessibili, in cui la complessità del diritto tecnologico e della tutela dei dati viene resa comprensibile attraverso esempi concreti e un linguaggio diretto. L'obiettivo è offrire chiavi di lettura utili per orientarsi tra normative, casi di studio e prospettive future, senza rinunciare a uno sguardo critico e attento alle sfide etiche e operative che emergono in questo settore in continua evoluzione.

1. PREMESSA PER IL LETTORE

A chi serve questo libro?

Il libro si rivolge a un pubblico ampio, composto da professionisti, aziende, operatori del settore tecnologico e giuridico, ma anche da chiunque desidera comprendere meglio le dinamiche dell'innovazione e dell'intelligenza artificiale (IA). La continua evoluzione delle tecnologie e l'espansione dell'intelligenza artificiale nella nostra vita quotidiana hanno reso necessario un approccio più consapevole e informato a queste tematiche, sia per chi le sviluppa, sia per chi ne usufruisce. Questo volume intende dunque rispondere alle esigenze di chi, a vario titolo, interagisce con l'innovazione tecnologica, aiutandolo a comprendere le opportunità e i rischi associati all'uso dell'intelligenza artificiale e delle nuove tecnologie.

Il testo offre risposte sia a chi si trova in posizioni decisionali, come imprenditori e manager, sia a chi, operando come consulente legale o tecnico, deve essere in grado di orientarsi tra le normative complesse e in continua evoluzione che regolano l'uso delle tecnologie avanzate. Gli imprenditori, ad esempio, possono trovare nelle prossime pagine una guida per capire come adottare strumenti di intelligenza artificiale in modo conforme alle leggi europee e nazionali, a cominciare dal Regolamento (UE) 2024/1689 che stabilisce norme armonizzate per l'uso e lo sviluppo dell'IA nell'Unione europea. L'intelligenza artificiale, infatti, rappresenta un grande vantaggio competitivo per le imprese, ma senza un'adeguata comprensione delle regole e delle responsabilità connesse, i rischi possono essere elevati, soprattutto in termini di conformità legale, protezione dei dati e tutela della privacy.

Anche i consulenti legali possono attingere qui a uno strumento utile per approfondire la conoscenza delle implicazioni giuridiche dell'innovazione. Con l'introduzione di normative come il regolamento europeo sulla protezione dei dati (General Data Protection Regulation, GDPR), la protezione dei dati personali è diventata centrale in ogni settore. Inoltre, l'uso dell'intelligenza artificiale comporta nuove sfide e complessità in questo ambito. I professionisti devono essere in grado di comprendere e interpretare correttamente le normative per offrire ai propri clienti un supporto adeguato, realizzando procedure per la conformità adeguate al nuovo contesto tecnologico.

Non da ultimo, anche gli sviluppatori e gli ingegneri possono beneficiare della lettura di questo libro. L'intelligenza artificiale afferisce anzitutto alla sfera tecnica, ma il suo sviluppo e utilizzo non possono prescindere dalla comprensione delle normative che ne regolano l'uso. Gli sviluppatori di sistemi IA ad esempio devono conoscere i principi etici e giuridici che sottendono l'uso responsabile di queste tecnologie, per garantire che i loro prodotti non solo rispettino le leggi, ma promuovano anche una visione dell'IA antropocentrica, l'unica sostenibile.

Infine chiunque, pur non essendo un esperto del settore tecnologico, desidera avere una visione chiara e accessibile dell'impatto che l'innovazione tecnologica e l'intelligenza artificiale stanno avendo e avranno sulla società, può beneficiare di questa lettura. Che si tratti di professionisti in cerca di linee guida pratiche o di lettori curiosi di scoprire come la tecnologia influenzi la nostra vita, il libro fornisce strumenti utili per comprendere e affrontare il futuro tecnologico in modo informato e responsabile.

Perché dovrei leggerlo?

La rivoluzione tecnologica che stiamo vivendo ha un impatto profondo su molteplici aspetti della nostra vita, dalle imprese ai rapporti sociali, fino alla sfera individuale. L'intelligenza artificiale, in particolare, sta trasformando radicalmente il modo in cui lavoriamo, comunichiamo e prendiamo decisioni,

sollevando questioni cruciali sul piano etico, giuridico e sociale.
Uno dei principali motivi per cui leggere questo libro è la necessità di comprendere come le nuove tecnologie, IA in primis, stiano influenzando il quadro normativo a livello europeo e globale. L'Unione europea ha introdotto un insieme di regole volte a garantire lo sviluppo etico e responsabile delle tecnologie IA, nel tentativo di creare un quadro giuridico comune che tuteli i diritti fondamentali delle persone, come la privacy, la sicurezza e la non discriminazione. Conoscere queste normative è necessario per chiunque operi nel settore tecnologico, ma anche per chiunque utilizzi quotidianamente tecnologie avanzate.

Il libro risponde inoltre alle esigenze di chi si confronta con la rapida evoluzione delle tecnologie e si chiede come queste possano essere utilizzate in modo sicuro ed efficace. Non si tratta di un manuale tecnico o giuridico, ma di un testo che fornisce una prospettiva ampia e articolata su come l'IA possa essere integrata nella vita quotidiana e nelle attività aziendali. In un mondo dove le tecnologie intelligenti sono sempre più presenti, dalla domotica agli assistenti vocali, fino ai servizi online personalizzati, è importante comprendere le potenzialità e i pericoli associati a queste innovazioni.

Le questioni legate all'intelligenza artificiale, alla protezione dei dati e alla sicurezza informatica sono spesso percepite come materie tecniche difficili da comprendere. Il volume, invece, cerca di affrontare queste tematiche in modo chiaro e comprensibile, anche per chi non ha una formazione tecnica specifica. Il volume consente di acquisire conoscenze necessarie per comprendere le dinamiche in atto e per prendere decisioni informate nel contesto di un futuro sempre più digitalizzato.

Sì, l'innovazione e la tecnologia sono importanti, ma c'è anche altro nella vita...

La domanda riflette un sentimento comune di fronte alla crescente pervasività della tecnologia nella nostra quotidianità.

È vero, l'innovazione e la tecnologia occupano un ruolo centrale nelle nostre vite moderne e il loro impatto è innegabile. Tuttavia, ciò non significa che questi elementi debbano o possano sostituire gli altri aspetti della nostra esistenza, come le relazioni umane, la cultura o semplicemente la qualità della nostra vita. Ma è altrettanto vero che l'innovazione tecnologica ha portato enormi vantaggi. Grazie alla tecnologia, molti aspetti della vita sono migliorati. La medicina ha fatto passi da gigante con diagnosi più accurate e trattamenti più efficaci; il lavoro è diventato più flessibile e accessibile grazie allo smart working e alle piattaforme digitali; l'educazione si è arricchita con risorse digitali che consentono l'apprendimento a distanza e in modalità personalizzate. Anche nella nostra vita quotidiana, la tecnologia ha reso più semplice gestire le attività di routine, risparmiare tempo e connettersi con persone in tutto il mondo. Nonostante questi benefici, è legittimo chiedersi se la nostra esistenza non stia diventando troppo dipendente dall'innovazione e in che modo il nostro benessere ne risenta. Tradotto, tutto ciò significa che le tecnologie devono essere progettate non solo per risolvere problemi operativi, ma anche per migliorare la qualità della vita delle persone, senza compromettere valori fondamentali come la libertà e la dignità umana.

C'è poi un altro aspetto da considerare: l'innovazione, se non governata e gestita con cura, rischia di allontanarci da ciò che ci rende veramente umani. Le relazioni, la creatività, l'empatia e l'esperienza diretta sono dimensioni che la tecnologia può facilitare, ma non sostituire. Ad esempio, i social network hanno rivoluzionato il modo in cui comunichiamo, ma al tempo stesso hanno sollevato questioni circa l'autenticità delle interazioni e il rischio di isolamento sociale. Lo stesso si può dire per le nuove modalità di lavoro digitale: se da un lato ci offrono una maggiore flessibilità, dall'altro possono allontanare da contesti di relazioni significative e sfumare i confini tra vita lavorativa e personale, con conseguenze negative sul nostro benessere psicologico. Se si considera poi l'importanza che gli ambienti di lavoro hanno assunto nel corso del tempo anche come luogo di aggregazione sociale e di tutela dei diritti, è facile comprendere che il lavoro "agile", nel quale i lavoratori operano per gran parte del tempo come individui isolati, comporta cambiamenti profondi nelle forme delle organizzazioni sindacali, nelle modalità contrattuali, nelle prospettive di carriera, nelle soluzioni per il welfare, nell'ergonomia, nella conciliazione tra vita lavorativa e familiare.

Riguardo a quest'ultimo aspetto chi opera come professionista legale ha certamente notato numerose crisi di convivenze maturate durante il periodo della pandemia, nel corso del quale la confusione di spazi e tempi tra lavoro e ambiente domestico ha fatto esplodere conflitti, in alcuni casi addirittura facendo emergere vere e proprie patologie di rilevanza psichiatrica che hanno coinvolto sia adulti, sia giovani privati del normale contatto con l'ambiente scolastico e i coetanei.

Il rischio di alienazione è particolarmente rilevante nel contesto dell'intelligenza artificiale. Un uso massivo dell'IA per svolgere compiti sempre più complessi e decisioni automatizzate può portare a una perdita di controllo da parte degli individui. Non a caso il regolamento europeo sull'intelligenza artificiale sottolinea la necessità di garantire che gli esseri umani rimangano sempre al centro del processo decisionale, assicurando che l'IA sia utilizzata in modo trasparente e che vi sia sempre la possibilità di un intervento umano quando necessario.

L'innovazione dovrebbe liberare il nostro tempo e le nostre energie affinché possiamo dedicarci maggiormente alle attività più corrispondenti al nostro benessere e ai nostri interessi. Per questo il vero successo dell'innovazione dovrebbe risiedere nella sua capacità di migliorare la qualità della nostra vita, senza sostituire gli aspetti fondamentali che ci rendono ciò che siamo.

Ieri internet e i social, oggi l'intelligenza artificiale. Dove andremo a finire?

Esiste una preoccupazione diffusa riguardo alla velocità con cui la tecnologia si sta sviluppando e l'incertezza su quali saranno le sue conseguenze nel lungo termine. Se ieri internet e i social network hanno rappresentato una rivoluzione che ha trasformato il modo in cui comunichiamo, interagiamo e lavoriamo, oggi l'intelligenza artificiale si presenta come la nuova frontiera del cambiamento tecnologico, promettendo un impatto altrettanto, se non più profondo su ogni aspetto della nostra vita.

Per rispondere a questa domanda è necessario considerare non solo dove ci troviamo oggi, ma anche come l'innovazione tecnologica si è sviluppata negli ultimi decenni e quali tendenze emergenti si stanno delineando per il futuro. L'introduzione di internet ha aperto le porte a un mondo interconnesso, globalizzato, dove l'informazione è accessibile a un numero sempre maggiore di persone in tempi sempre più rapidi. I social network hanno accelerato questa dinamica, offrendo piattaforme su cui è possibile non solo informarsi, ma anche esprimersi e costruire comunità virtuali. Tuttavia, il rovescio della medaglia di questa rapida evoluzione è stato l'emergere di problematiche legate alla privacy, alla disinformazione, alla manipolazione dell'informazione e anche all'utilizzo compulsivo dei nuovi strumenti.

Con l'arrivo dell'intelligenza artificiale, ci troviamo di fronte a una trasformazione ancora più pervasiva. L'IA sta già modificando il modo in cui lavoriamo, viviamo e prendiamo decisioni, automatizzando processi che fino a pochi anni fa richiedevano un intervento umano. Dalla diagnosi medica alla guida autonoma, dalla gestione delle risorse energetiche alla produzione industriale, l'IA ha il potenziale per rendere molte attività più efficienti e precise. Tuttavia, questa evoluzione solleva interrogativi legati all'impatto che le tecnologie avranno sull'occupazione, sull'etica e sulla sicurezza dei dati. Il regolamento europeo sull'intelligenza artificiale, in tal senso, cerca di fornire una risposta normativa a queste sfide, imponendo regole chiare per garantire che l'IA venga sviluppata e utilizzata in modo sicuro e responsabile.

Ma dove ci porterà questa evoluzione? Una possibilità è che l'intelligenza artificiale diventi sempre più integrata nella nostra vita quotidiana, al punto da risultare quasi invisibile. I sistemi di IA potrebbero gestire gran parte delle infrastrutture e dei servizi di cui usufruiamo, dalla sanità ai trasporti, dalla pubblica amministrazione all'intrattenimento, consentendoci di vivere in un mondo sempre più automatizzato e interconnesso. Tuttavia, un tale scenario richiede una riflessione profonda su come vogliamo che queste tecnologie siano utilizzate. Non possiamo permettere che l'innovazione tecnologica sfugga al controllo umano, né che diventi una minaccia per i diritti fondamentali delle persone.

Le sfide etiche e sociali connesse all'intelligenza artificiale sono molteplici. Un aspetto centrale è il tema del lavoro. Se da un lato l'automazione e l'IA possono migliorare l'efficienza produttiva, dall'altro rischiano di sostituire molte funzioni oggi svolte dagli esseri umani, con possibili conseguenze drammatiche per l'occupazione. Questo fenomeno, noto come "disoccupazione tecnologica", è già in atto in diversi settori e richiede una risposta a livello di politiche pubbliche. La formazione e la riqualificazione professionale sono perciò fondamentali per garantire che i lavoratori possano adattarsi ai nuovi contesti lavorativi e svolgere nuovi ruoli resi possibili dalla riorganizzazione dei processi produttivi.

Un altro aspetto rilevante riguarda la privacy e la gestione dei dati personali. L'intelligenza artificiale si basa sull'analisi di enormi quantità di dati, spesso raccolti dagli utenti stessi attraverso dispositivi digitali e piattaforme online. La tutela della privacy diventa quindi una priorità assoluta e i regolatori devono garantire che i dati vengano trattati in modo etico e conforme alle leggi sulla protezione dei dati. In questo contesto, il regolamento sull'IA mira a stabilire limiti chiari sull'uso di sistemi di intelligenza artificiale che potrebbero compromettere i diritti delle persone, come quelli utilizzati per il riconoscimento facciale o la profilazione automatizzata.

Infine, un ulteriore elemento che non possiamo trascurare è l'impatto sociale dell'intelligenza artificiale. Mentre queste tecnologie promettono di migliorare la qualità della vita sotto molti aspetti, esiste il rischio che possano accentuare le disuguaglianze esistenti. Le grandi aziende tecnologiche, che dispongono delle risorse necessarie per sviluppare e implementare sistemi di IA avanzati, potrebbero acquisire un potere economico e sociale ancora maggiore, lasciando indietro le piccole imprese e le nazioni meno sviluppate. Il divario digitale potrebbe quindi ampliarsi ulteriormente, creando nuove forme di esclusione sociale.

L'intelligenza artificiale ci sta portando verso un futuro sempre più dominato dalla tecnologia, ma il modo in cui gestiremo questa transizione dipenderà dalle scelte che facciamo oggi. Se sapremo integrare l'innovazione tecnologica con un forte senso di responsabilità etica e sociale, potremo sfruttare al meglio le opportunità offerte dall'IA, minimizzando al contempo i rischi. Dove andremo a finire dipende da noi: il futuro della tecnologia è nelle nostre mani ed è essenziale che rimanga al servizio dell'umanità. Non il contrario.

Per essere a posto mi basta quello che il mio consulente mi dice di fare.

Affidarsi a un consulente competente e preparato è sicuramente una scelta saggia, soprattutto in un contesto complesso e in continua evoluzione come quello dell'innovazione tecnologica e della conformità normativa. Tuttavia, limitarsi a seguire ciò che dice il consulente senza comprendere fino in fondo le implicazioni delle proprie scelte o le normative applicabili può non essere sufficiente. La consulenza è uno strumento prezioso per orientarsi fra norme e adempimenti, ma non può sostituire una comprensione consapevole da parte dell'organizzazione o del soggetto interessato.

Partiamo dal presupposto che le normative, soprattutto quelle legate all'innovazione e alla tecnologia, sono in costante aggiornamento. Il settore dell'intelligenza artificiale è un esempio di come le leggi possano cambiare rapidamente per stare al passo con i progressi tecnologici. Ad esempio, il Regolamento (UE) 2024/1689 sull'intelligenza artificiale, una delle normative più recenti e complete in materia di IA, ha introdotto una serie di obblighi e limitazioni imprevedibili fino a oggi. Il regolamento impone a chi sviluppa, vende o utilizza sistemi di IA di rispettare una serie di requisiti, tra cui la valutazione dei rischi, la trasparenza, la governance dei dati e la tracciabilità delle operazioni. L'importanza di un consulente, in questo contesto, risiede nel supporto che può offrire per interpretare e applicare le nuove regole, ma non può eliminare la responsabilità individuale o aziendale nel mantenersi aggiornati, comprendere appieno le norme e applicarle in concreto.

Affidarsi al solo parere di un consulente, senza fare uno sforzo per comprendere almeno i principi di base delle normative in questione, può portare a due rischi principali. Il primo è che, sebbene il consulente possa fornire indicazioni corrette, la responsabilità legale rimane in capo all'impresa o alla persona che agisce. Se si verificano violazioni o non conformità, non sarà il consulente a risponderne legalmente, ma chi ha deciso di implementare o meno le indicazioni fornite. Questo è particolarmente vero nel campo della protezione dei dati e dell'intelligenza artificiale, dove le sanzioni per il mancato rispetto delle normative, come il regolamento europeo sulla protezione dei dati, possono essere molto onerose.

Il secondo rischio è che le normative possono essere interpretate in modi diversi a seconda del contesto specifico dell'organizzazione. Un consulente può fornire una guida basata sulla propria esperienza e sulle normative attuali, ma può non avere una visione completa delle dinamiche interne e dei processi dell'azienda o dell'ente che assiste. Se il soggetto che riceve la consulenza non ha una comprensione sufficiente delle questioni trattate, potrebbe accettare soluzioni che, a lungo termine, non sono adeguate alle proprie necessità o che non prendono in considerazione le peculiarità operative. Anche se il consulente è molto competente, solo chi è profondamente coinvolto nella gestione e nelle attività quotidiane dell'organizzazione è in grado di valutare appieno se le soluzioni proposte sono appropriate e sostenibili.

È importante adottare un approccio proattivo. Seguire passivamente le indicazioni di un consulente senza partecipare attivamente al processo che porta alle decisioni può rendere impreparati di fronte ai cambiamenti. Le normative in materia di tecnologia, come quelle che riguardano l'intelligenza artificiale, la cybersicurezza e la protezione dei dati, evolvono costantemente per tenere il passo con le innovazioni tecnologiche e i nuovi rischi. Un'azienda o un professionista che non investono nel mantenere aggiornate le proprie conoscenze su questi temi rischiano di trovarsi in difficoltà nel momento in cui emergono nuovi requisiti o regolamenti. Avere una conoscenza di base e un interesse attivo nelle dinamiche normative consente di anticipare possibili problemi e di adottare soluzioni più efficaci, la cui conformità dura nel tempo.

È impossibile star dietro a tutte le norme e i regolamenti italiani, figurarsi a quelli europei.

Questa affermazione, sebbene comprensibile, riflette una percezione che però non rispecchia del tutto la realtà. È vero che la complessità delle norme e dei regolamenti, specialmente nel settore della tecnologia e dell'innovazione, può apparire opprimente. Tuttavia, esistono strumenti e strategie che permettono di affrontare questo compito in maniera efficace, senza essere sopraffatti dall'enorme mole di provvedimenti in materia.

Prima di tutto, bisogna considerare che il sistema normativo italiano ed europeo ha fatto progressi significativi nel tentativo di semplificare e armonizzare le normative, soprattutto in ambiti fortemente innovativi come l'intelligenza artificiale, la protezione dei dati e la cybersicurezza. A livello europeo, l'adozione di regolamenti come il regolamento europeo sulla protezione dei dati e il recente Regolamento (UE) 2024/1689 sull'intelligenza artificiale hanno creato un quadro regolatorio più chiaro e uniforme per tutti gli Stati membri. Il vantaggio principale dei regolamenti europei è che, una volta pubblicati e nei tempi indicati, diventano immediatamente applicabili in tutti i paesi dell'Unione, riducendo così la necessità di confrontarsi con regolamenti nazionali frammentati e spesso discordanti. Questo principio di armonizzazione riduce la complessità per le aziende e i professionisti che operano in più Stati membri, poiché si trovano a dover rispettare un'unica normativa comune anziché un mosaico di leggi nazionali.

A livello nazionale, esistono poi molte risorse che permettono di tenersi aggiornati sulle normative. Le aziende e i consulenti che operano in settori regolamentati possono fare affidamento su strumenti digitali e banche dati che, in tempo reale, forniscono accesso alle leggi e alle decisioni rilevanti; la stessa intelligenza artificiale, sempre più integrata negli strumenti di ricerca, offre opportunità per velocizzare e rendere efficiente il processo di identificazione degli obblighi da applicare nel caso concreto. Inoltre, i regolamenti vengono spesso accompagnati da linee guida fornite dalle autorità che hanno il compito di farli applicare, come il Garante per la protezione dei dati personali o la Commissione europea, linee guida che offrono un importante aiuto nella fase di applicazione.

Va anche detto che, in un mondo così complesso e in costante evoluzione, nessuna organizzazione può realisticamente conoscere a monte i dettagli di ogni norma che ne regola l'attività. Ne discende l'importanza di una gestione strategica della conformità normativa. In altri termini, è possibile adottare un approccio sistematico che consenta di individuare le normative più rilevanti per il proprio settore e di gestirle in modo efficiente. Per le imprese, questo può significare la creazione di un team interno dedicato alla compliance o l'affidamento a consulenti specializzati, con l'obiettivo di monitorare costantemente le evoluzioni normative e di garantire che l'organizzazione mantenga la conformità alle leggi applicabili.

La tecnologia offre soluzioni preziose per affrontare questa sfida. I software di gestione della compliance permettono di automatizzare gran parte del lavoro legato al monitoraggio normativo e all'aggiornamento delle pratiche aziendali in base alle nuove leggi. Gli strumenti digitali possono analizzare in modo rapido e accurato le nuove normative e fornire suggerimenti su come adattare i processi aziendali per garantire la conformità. Questo approccio riduce notevolmente il carico di lavoro manuale e aiuta a evitare sanzioni dovute a inadempienze.

Nonostante ciò, resta il fatto che mantenersi aggiornati su tutte le normative può sembrare estremamente arduo. Tuttavia, è utile ricordare che le normative non hanno la stessa rilevanza per tutti i soggetti obbligati. Una piccola impresa che non gestisce dati sensibili, ad esempio, può avere meno obblighi rispetto a una multinazionale che elabora grandi volumi di informazioni personali in ambito transfrontaliero. Allo stesso modo, le normative legate all'intelligenza artificiale sono particolarmente pertinenti per chi sviluppa o utilizza sistemi di IA, ma non sono necessariamente una priorità per altre realtà aziendali che operano con modalità più tradizionali. Uno dei primi passi per gestire questa complessità è identificare con precisione quali sono le leggi e i regolamenti che effettivamente riguardano il proprio ambito di attività.

Un aspetto importante è anche il supporto offerto dalle associazioni di categoria, dagli ordini professionali e dalle Camere di commercio. Questi enti forniscono spesso servizi di aggiornamento normativo e organizzano seminari e corsi di formazione per i propri associati, aiutandoli a rimanere informati sulle novità legislative rilevanti per il loro settore. Partecipare a tali iniziative può essere una risorsa fondamentale per chiunque desideri mantenersi aggiornato senza essere sommerso dal carico informativo.

Che cosa rischio se sottovaluto queste norme e questi regolamenti?

Sottovalutare le norme e i regolamenti, soprattutto nel contesto tecnologico e dell'innovazione, può comportare rischi significativi su diversi fronti, tra cui quello legale, economico e reputazionale. Le normative non sono state introdotte per complicare le attività delle imprese o degli individui, ma per garantire che lo sviluppo e l'utilizzo delle tecnologie avvengano nel rispetto di principi etici e giuridici fondamentali. Ignorare o minimizzare la loro importanza può portare a conseguenze gravi.

In primo luogo, il rischio legale è uno degli aspetti più evidenti. Molte delle normative europee e nazionali in materia di intelligenza artificiale e protezione dei dati sono accompagnate da un rigoroso sistema di sanzioni per il mancato rispetto degli obblighi. Nel caso del regolamento europeo sulla protezione dei dati, ad esempio, le violazioni possono comportare sanzioni pecuniarie elevate, anche in termini di percentuale del fatturato annuo globale dell'organizzazione. Lo stesso vale per le normative sull'intelligenza artificiale: il Regolamento (UE) 2024/1689 prevede sanzioni per chi non rispetta gli obblighi di trasparenza, sicurezza e tracciabilità richiesti, soprattutto per i sistemi di IA considerati ad alto rischio. Un'organizzazione che non rispetta le regole, oltre agli esborsi economici, potrebbe trovarsi a dover interrompere l'utilizzo di determinati sistemi o a doverli ritirare dal mercato, con evidenti conseguenze negative sul piano operativo ed economico.

Accanto al rischio legale, è importante considerare il rischio reputazionale. La fiducia dei clienti, dei partner commerciali e del pubblico è un bene prezioso, difficile da conquistare e facile da perdere. Un'azienda che viene sanzionata per non aver rispettato le normative, soprattutto in settori sensibili come quelli indicati in precedenza, può vedere seriamente compromessa la propria reputazione. I consumatori sono sempre più attenti alla gestione dei loro dati e alla trasparenza delle aziende con cui interagiscono. Un solo episodio di violazione potrebbe avere un impatto devastante sulla fiducia del pubblico, con possibile perdita di clienti e contratti, e causare un danno d'immagine duraturo, difficilmente recuperabile. In un mercato competitivo, dove la fiducia è uno dei principali fattori di scelta per i consumatori, il danno reputazionale può essere più grave delle sanzioni economiche.

Il mancato rispetto delle regole può inoltre comportare l'impossibilità di utilizzare strumenti o tecnologie in modo legale, fino a limitare la competitività dell'impresa. Le normative europee non sono progettate solo per proteggere i diritti dei cittadini, ma anche per creare un mercato più sicuro e uniforme in cui le aziende possano operare. Ignorare queste regole significa non sfruttare appieno le opportunità offerte dalla digitalizzazione e dall'innovazione.

Un altro rischio da non sottovalutare è quello legato all'eventuale responsabilità civile. Se una tecnologia non conforme provoca danni, materiali o morali, a un cliente o a un utente, l'azienda può essere chiamata a rispondere in sede civile, oltre che penale, con conseguenze economiche ancora più pesanti. Pensiamo, ad esempio, ai casi di intelligenza artificiale utilizzata in ambiti critici come la sanità o i trasporti. Se un sistema non conforme causa un incidente o un malfunzionamento, l'organizzazione dovrà farsi carico dei danni non solo in termini finanziari, ma anche dal punto di vista della responsabilità per i danni alla salute e alla sicurezza delle persone coinvolte.

Infine, non va trascurato il fatto che le aziende che investono nella conformità normativa non solo evitano sanzioni, ma spesso riescono anche a migliorare i propri processi interni, la sicurezza dei propri dati e la qualità dei servizi offerti ai clienti. L'adeguamento alle normative, infatti, spesso comporta una maggiore efficienza operativa, la riduzione del rischio di attacchi informatici e una maggiore trasparenza nei confronti del mercato. Tutti fattori che contribuiscono a creare un vantaggio competitivo rispetto a chi, invece, ignora o sottovaluta l'importanza della compliance.

Chi mi garantisce che, dopo aver reso conforme la mia organizzazione a quanto previsto dalla legge, non salti fuori un nuovo regolamento o una nuova norma che mi costringono a rifare tutto daccapo?

Si tratta di una preoccupazione molto comune tra le imprese e i professionisti che operano in settori fortemente regolamentati, quali appunto quelli legati alla tecnologia e all'innovazione. È vero che il contesto normativo evolve rapidamente, ma è altrettanto vero che il quadro giuridico in cui operiamo, a livello nazionale ed europeo, è concepito per garantire stabilità e certezza, anche se ciò non esclude gli aggiornamenti necessari per adattarsi ai progressi tecnologici e ai nuovi rischi emergenti. Nessuno può garantire che non verranno introdotte nuove normative o che non ci saranno aggiornamenti alle leggi. Tuttavia, il diritto non è fatto per sorprendere o destabilizzare le imprese. Al contrario, una delle sue funzioni principali è quella di fornire prevedibilità e sicurezza giuridica. In questo senso, un nuovo regolamento, come il Regolamento (UE) 2024/1689 sull'intelligenza artificiale, non impone cambiamenti drastici senza fornire alle imprese il tempo necessario per adattarsi. La prassi normativa europea prevede periodi di transizione e ampie consultazioni con le parti interessate prima dell'introduzione di nuove norme, proprio per evitare che le aziende si trovino improvvisamente impreparate oppure obbligate a rifare tutto daccapo.

Molte delle normative più recenti sono concepite con l'obiettivo di essere sufficientemente flessibili per resistere alle rapide evoluzioni tecnologiche. Ad esempio, il regolamento europeo sulla protezione dei dati, che è uno dei regolamenti più stringenti in materia, è stato scritto in modo da rimanere valido anche con l'introduzione di nuove tecnologie. Nonostante sia entrato in vigore nel 2018, è ancora pienamente applicabile nel contesto dell'intelligenza artificiale e di altre innovazioni tecnologiche emergenti. Un esempio del fatto che le normative europee sono progettate per affrontare le sfide attuali e per anticipare quelle future.

Se un'organizzazione ha implementato un sistema di conformità robusto e dinamico, adeguarsi a eventuali cambiamenti normativi non richiede necessariamente di rifare tutto da principio. Un buon sistema di gestione della conformità non è rigido, ma è pensato per l'adattabilità. Le imprese che investono nella creazione di strutture di compliance solide, che includono monitoraggio continuo delle normative e una cultura aziendale orientata alla conformità, troveranno molto più semplice adattarsi a eventuali cambiamenti regolamentari. Questo perché il processo di adeguamento diventa parte integrante della gestione operativa dell'azienda e non un evento straordinario che richiede interventi drastici.

Non tutte le norme - è bene ricordarlo - hanno un impatto immediato o diretto sulle organizzazioni. Le normative spesso distinguono tra settori di attività e tipi di tecnologie, imponendo obblighi diversi a seconda della complessità e del livello di rischio legato all'uso di determinati strumenti. Questo significa che una piccola impresa che utilizza sistemi di IA in maniera limitata e non in contesti ad alto rischio non sarà soggetta agli stessi obblighi di una grande azienda che sviluppa tecnologie IA avanzate per applicazioni critiche. La regolamentazione è generalmente calibrata in modo da tenere conto del contesto specifico, così da ridurre il rischio di dover "rifare tutto" ogni volta che una nuova norma viene introdotta.

Ciò non toglie che, per conservare la compliance, le organizzazioni debbano adottare un atteggiamento proattivo e prepararsi ai cambiamenti. Un modo efficace per farlo è quello di monitorare costantemente le evoluzioni normative e di partecipare attivamente ai processi di consultazione pubblica che spesso precedono l'adozione di nuove leggi. Molte organizzazioni trovano utile mantenere rapporti stretti con associazioni di categoria, ordini professionali e consulenti legali, che possono fornire aggiornamenti tempestivi e consigli su come affrontare eventuali modifiche normative.

La lettura di questo libro mi esonera dal dovermi rivolgere poi a degli specialisti?

La lettura di questo libro, pur offrendo una panoramica approfondita e dettagliata su temi complessi come l'innovazione, l'intelligenza artificiale e le normative correlate, non può sostituire il ruolo di uno specialista. Il libro è certamente uno strumento utile per acquisire una conoscenza di base sulle questioni legali e tecnologiche che circondano l'innovazione, ma la consulenza specialistica rimane fondamentale in molti contesti, soprattutto quando si tratta di situazioni specifiche dalle quali deriva una diretta assunzione di responsabilità.

Esistono due ragioni principali per cui la lettura di un testo, per quanto dettagliato e utile, non può sostituire l'intervento di un esperto. La prima è la complessità e la variabilità delle normative. Il libro può fornire una descrizione accurata delle leggi e dei regolamenti in vigore, ma la loro applicazione pratica può variare notevolmente a seconda del contesto specifico dell'organizzazione o della persona che li legge. Le normative, in particolare quelle relative all'intelligenza artificiale e alla protezione dei dati, sono complesse e soggette a interpretazioni che possono variare in base alla situazione concreta. Ad esempio, il più volte citato Regolamento (UE) 2024/1689 sull'intelligenza artificiale stabilisce una serie di obblighi che possono differire notevolmente a seconda del tipo di sistema di IA utilizzato, del settore in cui l'organizzazione opera e del livello di rischio associato all'impiego di tali tecnologie. Solo un esperto può valutare correttamente questi fattori e fornire una consulenza specifica su come adempiere agli obblighi di legge.

A ciò va aggiunto che la velocità con cui la tecnologia evolve rende necessario un aggiornamento continuo, che spesso richiede una consulenza specializzata. Le tecnologie emergenti come l'intelligenza artificiale, la blockchain o l'Internet of Things (IoT) sono in costante evoluzione e, con esse, anche le normative che le regolano. Sebbene questo libro possa fornire una base solida, le normative possono cambiare rapidamente e richiedere aggiornamenti continui. Gli specialisti, come avvocati esperti di diritto della tecnologia o altri consulenti, hanno il compito di monitorare queste evoluzioni e di offrire indicazioni specifiche e applicabili ai singoli casi. Pertanto, mentre il libro può aiutare a comprendere il quadro generale, è improbabile che possa rispondere in maniera esaustiva a situazioni complesse o a domande specifiche che potrebbero emergere durante l'implementazione di nuove tecnologie.

La seconda ragione per ricorrere a uno specialista è legata alla personalizzazione. Ogni azienda, organizzazione o individuo ha esigenze diverse in termini di tecnologia, innovazione e conformità normativa. Ciò che funziona per una grande impresa potrebbe non essere appropriato per una piccola impresa o un singolo professionista. Un libro non può tenere conto delle peculiarità di ciascuna situazione, mentre un consulente può analizzare le specifiche esigenze dell'organizzazione e fornire soluzioni su misura. Ad esempio, una startup che sviluppa sistemi di intelligenza artificiale per la sanità avrà esigenze normative molto diverse da quelle di una società che utilizza IA per migliorare l'efficienza logistica. Anche se il libro offre informazioni utili, solo un esperto può garantire che le informazioni siano applicate in modo corretto e conforme alle esigenze specifiche del contesto in cui si opera. Senza contare che, in alcuni casi, è la normativa stessa a richiedere il coinvolgimento di uno specialista come fa, ad esempio, il regolamento europeo sulla protezione dei dati nel prevedere l'obbligo per alcune organizzazioni di nominare un Responsabile della protezione dei dati o Data Protection Officer (DPO).

> *Ma, in fondo, sono convinto che sia sufficiente avere solo un po' di buon senso...*

L'idea che il buon senso possa essere sufficiente per affrontare le sfide poste dall'innovazione tecnologica e dalla regolamentazione associata può sembrare allettante. Tuttavia, il contesto normativo e tecnologico attuale è così complesso e in costante evoluzione che affidarsi esclusivamente al buon senso rischia di essere non solo insufficiente, ma perfino pericoloso. Il buon senso, inteso come una naturale attitudine a prendere decisioni razionali e prudenti, può certamente essere utile in molte situazioni quotidiane, ma quando si tratta di normative tecniche e leggi complesse, è necessario qualcosa di più: una conoscenza approfondita e una consapevolezza del quadro giuridico in cui si opera. Tanto più che le normative non sono semplicemente linee guida basate su principi generali, ma costituiscono un insieme di regole dettagliate, che devono essere rispettate in modo rigoroso. Un esempio evidente è la protezione dei dati personali: il regolamento europeo sulla protezione dei dati impone regole stringenti su come i dati devono essere raccolti, trattati, conservati e protetti. Non basta agire con prudenza o con le migliori intenzioni, è necessario conoscere e applicare correttamente le normative vigenti per evitare di incorrere in violazioni di natura legale.

Il concetto di "buon senso" poi varia da persona a persona. Ciò che può sembrare sensato per un individuo, in un determinato contesto, potrebbe non esserlo per un altro (e ancor meno potrebbe coincidere con quanto previsto dalla legge). Le normative, in particolare quelle legate alla tecnologia, sono state sviluppate proprio per fornire regole chiare e uniformi che vadano oltre le percezioni individuali. Questo è particolarmente importante in settori come l'intelligenza artificiale, dove i rischi di discriminazione, violazione della privacy o uso improprio dei dati possono avere conseguenze molto gravi. Il regolamento sull'IA, ad esempio, stabilisce specifici requisiti per i sistemi di intelligenza artificiale considerati ad alto rischio, come quelli utilizzati per la valutazione dei candidati nel reclutamento del personale o per il controllo dei lavoratori. I requisiti includono la trasparenza, la tracciabilità, la governance dei dati e il monitoraggio continuo delle performance del sistema. Agire basandosi solo sul buon senso, senza seguire gli obblighi specifici, può portare a violazioni non intenzionali ma ugualmente sanzionabili.

Molte delle normative moderne sono state introdotte proprio per mitigare i rischi legati all'uso delle tecnologie in modi che potrebbero sfuggire al semplice buon senso. Il regolamento sull'intelligenza artificiale, ad esempio, è stato concepito per affrontare problemi complessi come la trasparenza degli algoritmi e l'impatto etico e sociale delle decisioni automatizzate. In molti casi, questi problemi sono talmente intricati che richiedono non solo la conformità normativa, ma anche un approccio pianificato su base scientifica per essere risolti. La trasparenza, per citare uno degli aspetti richiamati prima, non si riduce solo al fatto di spiegare come funziona un sistema di IA, ma implica anche che i risultati prodotti siano verificabili e che i dati utilizzati siano gestiti in modo sicuro e conforme alle normative. È difficile affrontare questioni così complesse senza una preparazione adeguata e il supporto di esperti.

I meriti del buon senso nella vita quotidiana delle organizzazioni non vanno sminuiti, ma occorre combinarli con un approccio rigoroso alla comprensione e all'implementazione delle normative, che spesso richiede il supporto di esperti con competenze specifiche.

2. TUTELA DEI DATI PERSONALI

Come le tecnologie di intelligenza artificiale possono migliorare la protezione dei dati personali?

Le tecnologie di intelligenza artificiale offrono enormi potenzialità per migliorare la protezione dei dati personali, soprattutto in un contesto in cui la quantità di dati trattati cresce in modo esponenziale e le minacce informatiche diventano sempre più sofisticate. L'IA può essere applicata in vari ambiti per rendere i sistemi di protezione dei dati più efficienti, adattabili e sicuri, garantendo una gestione più accurata e tempestiva delle informazioni sensibili.

Uno dei principali vantaggi offerti dall'IA nel campo della protezione dei dati personali è la capacità di identificare minacce e vulnerabilità in tempo reale. I sistemi basati sull'intelligenza artificiale infatti possono analizzare enormi quantità di dati in modo molto più rapido ed efficiente rispetto ai sistemi tradizionali, rilevando anomalie e comportamenti sospetti che potrebbero indicare una violazione della sicurezza. Ad esempio, le tecnologie di machine learning possono essere utilizzate per monitorare il traffico di rete e identificare tentativi di accesso non autorizzati o pattern (cioè schemi o modelli) che potrebbero indicare un attacco informatico in corso. Questo tipo di analisi consente di intervenire prontamente per mitigare i rischi, riducendo il tempo di esposizione alle minacce e, di conseguenza, limitando il potenziale impatto negativo su persone e organizzazioni.

L'IA inoltre può contribuire a migliorare la protezione dei dati personali attraverso la gestione avanzata degli accessi. Grazie a sistemi di intelligenza artificiale, è possibile implementare controlli di accesso dinamici basati su vari fattori, come l'identità dell'utente, il contesto e il comportamento. Questi sistemi possono analizzare in tempo reale le attività degli utenti e confrontarle con modelli di comportamento standard. Se vengono rilevate anomalie - come tentativi di accesso a dati sensibili da parte di un dipendente che non dovrebbe averne il permesso - l'IA può bloccare immediatamente l'azione e avvisare i responsabili della sicurezza. L'approccio dinamico all'autorizzazione e all'autenticazione rappresenta un significativo miglioramento rispetto ai tradizionali sistemi di accesso basati su regole statiche.

Un altro modo in cui l'intelligenza artificiale può migliorare la protezione dei dati personali è attraverso la crittografia avanzata e la gestione automatizzata delle chiavi crittografiche. I sistemi di IA possono generare, distribuire e gestire le chiavi crittografiche utilizzate per proteggere i dati in maniera automatizzata, riducendo il rischio di errori umani che potrebbero compromettere la sicurezza delle informazioni. L'IA può anche supportare l'implementazione di tecniche di crittografia omomorfica, che consentono cioè di eseguire operazioni su dati crittografati senza doverli decrittare, proteggendo così le informazioni sensibili anche durante l'elaborazione.

La protezione dei dati personali può essere ulteriormente migliorata grazie alla capacità dell'IA di garantire una gestione più efficace dei registri di attività (log management). I sistemi basati sull'intelligenza artificiale possono analizzare e correlare rapidamente i log delle attività degli utenti e delle applicazioni, individuando potenziali violazioni o anomalie. Questa capacità è particolarmente utile in ambienti complessi, dove la gestione tradizionale dei registri risulta lenta e inefficace. Un'analisi automatizzata e continua permette di rilevare in tempo reale possibili tentativi di accesso non autorizzato o di manipolazione dei dati.

L'IA può inoltre essere utilizzata per facilitare il rispetto delle normative sulla protezione dei dati, come il regolamento europeo sulla protezione dei dati. Un sistema di IA avanzato può monitorare i processi aziendali e verificare in modo continuo la conformità alle norme, segnalando immediatamente eventuali violazioni o carenze nei protocolli di sicurezza. Ad esempio, un sistema basato sull'IA potrebbe verificare automaticamente che i dati personali siano trattati secondo i principi di minimizzazione e limitazione dello scopo, segnalando eventuali trattamenti non conformi. Questo tipo di automazione non solo migliora la protezione dei dati, ma riduce anche il carico di lavoro associato alla gestione della conformità normativa.

Un'altra area in cui l'IA può avere un impatto positivo è nella prevenzione delle violazioni della privacy attraverso tecniche avanzate di anonimizzazione e pseudonimizzazione dei dati. L'intelligenza artificiale può essere utilizzata per sviluppare algoritmi che anonimizzino i dati in modo più efficace, riducendo il rischio che informazioni personali possano essere ricondotte a singoli individui. Analogamente, l'IA può aiutare a garantire che i processi di anonimizzazione restino coerenti anche quando vengono combinati dataset differenti, proteggendo così la privacy degli utenti in contesti in cui vengono trattate grandi quantità di dati.

Infine, è importante sottolineare che, se da un lato l'IA offre strumenti potenti per migliorare la protezione dei dati personali, dall'altro presenta anche criticità, in particolare per quanto riguarda la trasparenza e la "spiegabilità" degli algoritmi. La presenza di elementi non deterministici nel processo di elaborazione rende in alcuni casi impossibile dichiarare "perché" il sistema ha raggiunto un certo risultato, "probabilmente" esatto ma in realtà non argomentabile dal punto di vista logico-deduttivo, come invece richiesto nel normale approccio giuridico.

Ecco perché l'uso dell'IA nella protezione dei dati deve essere attentamente regolamentato per garantire che i diritti personali siano rispettati e che le decisioni prese dai sistemi automatici siano quanto più possibile trasparenti e comprensibili, minimizzando il rischio di violazioni.

In che modo i regolamenti europei

garantiscono la sicurezza dei dati personali nelle comunicazioni elettroniche?

I regolamenti europei, in particolare il regolamento europeo sulla protezione dei dati e il Regolamento ePrivacy, pongono al centro la sicurezza dei dati personali nelle comunicazioni elettroniche. Si tratta di norme concepite per affrontare le sfide derivanti dall'uso sempre più pervasivo di tecnologie digitali e dall'interconnessione globale delle reti, che cercano di bilanciare innovazione, protezione della privacy e sicurezza dei dati personali. Entrambi i regolamenti pongono l'accento sulla tutela dei diritti fondamentali e stabiliscono obblighi stringenti per le aziende e le organizzazioni che trattano dati personali nelle loro attività quotidiane, incluse quelle che coinvolgono le comunicazioni elettroniche.

Il regolamento europeo sulla protezione dei dati rappresenta la cornice normativa per la protezione dei dati personali in Europa. Ha introdotto norme rigorose, stabilendo che ogni entità che raccoglie, utilizza o conserva dati deve adottare misure adeguate per garantirne la sicurezza. Nel contesto delle comunicazioni elettroniche, aziende come fornitori di servizi di posta elettronica, piattaforme di messaggistica, social network e operatori di telecomunicazioni devono assicurarsi che i dati dei loro utenti siano protetti durante tutte le fasi del loro trattamento. Questo include l'implementazione di tecniche di crittografia per proteggere le informazioni scambiate tra gli utenti e le piattaforme, la garanzia che i dati non vengano trasferiti a terze parti senza consenso e l'obbligo di notificare tempestivamente eventuali violazioni alle autorità competenti e agli utenti interessati.

Uno dei principali contributi del regolamento europeo sulla protezione dei dati alla sicurezza delle comunicazioni elettroniche è stata l'introduzione dei principi della privacy "by design" e "by default". Questi principi stabiliscono che la protezione dei dati deve essere integrata fin dalle fasi iniziali nella progettazione di un sistema o servizio (by design) e che le impostazioni all'origine dei sistemi devono garantire il massimo livello di protezione possibile (by default). Ad esempio, le applicazioni di messaggistica devono essere configurate per crittografare le comunicazioni in modo automatico e i dati degli utenti non devono essere raccolti o conservati oltre il necessario. Misure che riducono il rischio di esposizione non autorizzata dei dati e rafforzano la fiducia degli utenti nelle piattaforme di comunicazione elettronica.

In aggiunta al regolamento europeo sulla protezione dei dati, l'ePrivacy Regulation (il cui processo di approvazione è ancora in corso) si concentra specificamente sulla protezione della privacy nelle comunicazioni elettroniche. Il regolamento mira a rafforzare le regole relative alla riservatezza delle comunicazioni digitali, assicurando che le conversazioni via e-mail, messaggi e altre forme di comunicazione elettronica siano trattate in modo confidenziale. Una delle principali disposizioni dell'ePrivacy è il rafforzamento del consenso come base legale per il trattamento dei dati nelle comunicazioni elettroniche. Gli utenti devono essere informati chiaramente e devono esprimere il loro consenso esplicito per il trattamento dei dati, come per esempio nel caso dei cookie che tracciano l'attività online.

L'ePrivacy Regulation si pone anche l'obiettivo di rafforzare la protezione contro lo spam e le comunicazioni non richieste, migliorando le regole per il marketing diretto elettronico. In base a queste nuove disposizioni, le aziende avranno vincoli rafforzati tendenti a prevenire le comunicazioni promozionali via e-mail o SMS senza il consenso esplicito dell'utente. Non si tende solo a una migliore tutela della privacy, ma anche a ridurre la possibilità che le comunicazioni elettroniche diventino un canale per attività illecite e pericolose per i cittadini, come il phishing o altre truffe informatiche.

Un altro aspetto riguarda la protezione dei dati durante il loro trasferimento al di fuori dell'Unione europea. Il regolamento europeo sulla protezione dei dati stabilisce che i dati personali possono essere trasferiti verso paesi terzi solo se questi garantiscano un livello di protezione adeguato, secondo criteri stabiliti dall'UE. Per le comunicazioni elettroniche, questo significa che i fornitori di servizi attivi in paesi extra-UE devono dimostrare di rispettare standard di sicurezza equivalenti a quelli previsti in Europa. L'accordo tra l'Unione europea e gli Stati Uniti, noto come "Privacy Shield", in passato ha regolato questi trasferimenti, ma è stato dichiarato non valido dalla Corte di Giustizia dell'Unione europea il 16 luglio 2020. Attualmente perciò le aziende devono affidarsi a clausole contrattuali standard o altri strumenti giuridici previsti dal regolamento europeo sulla protezione dei dati per garantire la sicurezza dei dati trasferiti al di fuori dei confini europei.

Un ulteriore elemento che tende a rafforzare la sicurezza dei dati nelle comunicazioni elettroniche è l'obbligo di adottare misure tecniche e organizzative adeguate per prevenire le violazioni dei dati. Il regolamento europeo sulla protezione dei dati impone alle aziende di implementare strumenti di protezione come la crittografia, la pseudonimizzazione e altre tecniche avanzate per garantire la riservatezza, l'integrità e la disponibilità dei dati personali trattati. In caso di violazione, il regolamento prevede un sistema di notifica che impone alle aziende di informare tempestivamente sia le autorità di controllo sia gli utenti coinvolti, riducendo il rischio di danni ulteriori.

Quali sono le implicazioni del regolamento europeo sulla protezione dei dati per l'uso dei dati personali nei servizi di cloud computing?

Il regolamento europeo sulla protezione dei dati ha avuto un impatto significativo sull'uso dei dati personali nei servizi di cloud computing. Il cloud costituisce una tecnologia essenziale per la gestione, l'elaborazione e l'archiviazione di grandi quantità di dati attraverso infrastrutture remote, spesso situate in diverse giurisdizioni. Questo approccio offre molti vantaggi, come la scalabilità, l'efficienza economica e la facilità di accesso ai dati da qualsiasi luogo. Il regolamento europeo sulla protezione dei dati impone regole rigide sul trattamento dei dati personali all'interno di questi servizi, ponendo al centro il rispetto della privacy e la sicurezza delle informazioni.

Una delle prime implicazioni riguarda la responsabilità del titolare del trattamento dei dati. Il GDPR distingue tra titolare del trattamento, ossia l'organizzazione che decide le finalità e i mezzi del trattamento dei dati personali, e responsabile del trattamento, che può essere un fornitore di servizi cloud. In questo contesto, il titolare dei dati deve garantire che il responsabile del trattamento (il fornitore del cloud) rispetti tutte le norme previste dal regolamento. Questo implica che l'azienda o l'organizzazione utilizzatrice di servizi cloud deve verificare che il provider adotti misure di sicurezza adeguate per proteggere i dati personali e che i dati siano trattati in conformità con le disposizioni del regolamento.

Una parte importante di questo obbligo di verifica riguarda l'adozione di accordi contrattuali appropriati tra il titolare e il responsabile del trattamento. Il GDPR prevede che un contratto formale debba essere stipulato tra l'azienda che utilizza i servizi cloud e il provider del servizio. Il contratto deve includere disposizioni specifiche che garantiscano la protezione dei dati, come l'obbligo per il provider di implementare misure tecniche e organizzative adeguate per proteggere i dati personali, limitare l'accesso ai dati a persone autorizzate e garantire la trasparenza su come i dati vengono trattati. Inoltre, il contratto deve specificare che il provider del cloud non possa trasferire i dati a terzi senza il consenso del titolare e che, in caso di subappalto, il fornitore del cloud sia responsabile per le azioni dei subappaltatori.

Un'altra implicazione centrale del regolamento europeo sulla protezione dei dati riguarda la localizzazione dei dati e i trasferimenti internazionali al di fuori dell'Unione europea. Molti servizi cloud hanno infrastrutture distribuite a livello globale e potrebbe non essere chiaro dove i dati siano fisicamente memorizzati o trattati. Il GDPR stabilisce che i dati personali possono essere trasferiti al di fuori dell'UE solo se il paese di destinazione offre un livello di protezione adeguato, riconosciuto dalla Commissione europea, oppure se il trasferimento è coperto da garanzie adeguate, come clausole contrattuali standard o regole aziendali vincolanti. Pertanto, le aziende che utilizzano servizi di cloud computing devono assicurarsi che i loro fornitori di servizi cloud siano conformi a queste regole e adottino le opportune misure per garantire la protezione dei dati durante i trasferimenti internazionali.

Il regolamento europeo sulla protezione dei dati prevede l'obbligo di garantire i diritti degli interessati. Quando i dati personali sono memorizzati o trattati su piattaforme cloud, gli individui hanno il diritto di accedere ai propri dati, correggerli, cancellarli o limitarne il trattamento. Le aziende che utilizzano servizi cloud devono quindi assicurarsi che i loro fornitori siano in grado di rispettare questi diritti, fornendo gli strumenti necessari per garantire che un individuo possa esercitare tali diritti in modo tempestivo. Ad esempio, se un cliente richiede la cancellazione dei propri dati (diritto all'oblio), il provider del servizio cloud deve essere in grado di soddisfare questa richiesta in tempi ragionevoli e garantire che i dati siano effettivamente rimossi da tutte le copie e i backup. Un procedimento che può risultare particolarmente complesso nel contesto del cloud computing, dove i dati possono essere replicati su più server e regioni geografiche.

Inoltre, il GDPR richiede alle aziende di attuare misure di sicurezza idonee per proteggere i dati personali archiviati nel cloud. Queste misure includono l'uso di tecniche di crittografia, sia durante il trasferimento dei dati sia durante la loro conservazione. La crittografia dei dati nel cloud è fondamentale per garantire che, anche in caso di accesso non autorizzato ai server del provider del cloud, i dati personali rimangano protetti. Oltre alla crittografia, altre misure di sicurezza importanti includono la gestione sicura delle credenziali di accesso, il monitoraggio delle attività e la capacità di rilevare e rispondere rapidamente a potenziali violazioni della sicurezza.

Infine, una delle implicazioni più significative del regolamento europeo sulla protezione dei dati è l'obbligo di notificare le violazioni dei dati personali. Se si verifica una violazione, l'azienda che utilizza i servizi cloud ha l'obbligo di notificarla all'autorità di controllo competente entro 72 ore dal momento in cui ne viene a conoscenza. Nel contesto del cloud computing, questo significa che i fornitori di servizi cloud devono essere in grado di rilevare rapidamente eventuali violazioni della sicurezza e informare immediatamente i propri clienti, in modo che questi possano adempiere ai propri obblighi di notifica. Un aspetto che richiede una stretta collaborazione tra i fornitori di servizi cloud e i loro clienti per garantire che vi sia una comunicazione tempestiva e trasparente in caso di incidenti di sicurezza.

Come si possono bilanciare l'innovazione tecnologica e la protezione della privacy?

Bilanciare l'innovazione tecnologica con la protezione della privacy è una delle sfide più complesse del nostro tempo, soprattutto in un'epoca in cui l'uso dei dati personali è diventato fondamentale per il funzionamento di molte tecnologie avanzate, tra cui l'intelligenza artificiale, il machine learning e l'Internet of Things. Da un lato, l'innovazione richiede l'accesso a grandi quantità di dati per migliorare i processi decisionali, ottimizzare le prestazioni dei sistemi e personalizzare i servizi. Dall'altro, la protezione della privacy è un diritto fondamentale che deve essere salvaguardato, soprattutto quando si tratta di informazioni sensibili che riguardano la vita privata delle persone.

Metodi fondamentali per bilanciare innovazione e privacy sono la pseudonimizzazione e l'anonimizzazione dei dati. La pseudonimizzazione permette di trasformare i dati personali in modo che non possano più essere associati direttamente a una persona senza l'uso di informazioni aggiuntive, che devono essere conservate separatamente. L'anonimizzazione, invece, comporta la trasformazione dei dati in modo che non possano essere ricondotti in alcun modo a un individuo identificabile.

Queste tecniche sono particolarmente utili nei contesti in cui è necessario elaborare grandi volumi di dati per scopi di ricerca, analisi o sviluppo di tecnologie innovative, poiché consentono di ridurre i rischi per la privacy ma non limitano l'esigenza di continuare a trarre valore dai dati.

Anche la trasparenza gioca un ruolo centrale nel bilanciare innovazione e protezione della privacy. Le aziende e le organizzazioni che trattano dati personali devono essere chiare con gli utenti su quali dati vengono raccolti, come verranno utilizzati, chi avrà accesso a tali informazioni e per quanto tempo saranno conservate. Il consenso informato è un elemento fondamentale del regolamento europeo sulla protezione dei dati e le persone devono essere messe in condizione di esprimere il proprio consenso in modo libero e consapevole, soprattutto quando si tratta di tecnologie avanzate che potrebbero avere un impatto sulla loro privacy. Garantire un livello adeguato di trasparenza non solo tutela i diritti degli individui, ma contribuisce anche a rafforzare la fiducia nei confronti delle nuove tecnologie, facilitando l'adozione e l'uso di servizi innovativi.

Un ulteriore passo verso l'equilibrio tra innovazione e privacy è rappresentato dall'uso della crittografia e di altre tecniche di sicurezza avanzate. La crittografia è uno strumento essenziale per proteggere i dati personali, sia durante il trasferimento tra sistemi sia durante la loro conservazione. Anche se i dati vengono utilizzati per finalità innovative, come lo sviluppo di algoritmi di intelligenza artificiale o l'analisi predittiva, la crittografia può garantire che solo persone autorizzate abbiano accesso alle informazioni sensibili. Oltre alla crittografia, l'uso di tecnologie come la blockchain può contribuire a migliorare la trasparenza e la sicurezza nel trattamento dei dati personali, fornendo una traccia verificabile di tutte le transazioni e dei processi legati al trattamento delle informazioni.

Le valutazioni d'impatto sulla protezione dei dati (Data Protection Impact Assessments, DPIA) sono un altro strumento previsto dal GDPR che consente alle aziende di identificare e mitigare i rischi per la privacy derivanti dall'uso di nuove tecnologie. Prima di avviare un progetto innovativo che coinvolge il trattamento di dati personali, è buona prassi condurre una valutazione d'impatto per comprendere meglio i potenziali rischi e adottare misure appropriate per minimizzarli. Questo approccio consente di prevenire problemi legati alla privacy e di assicurare che l'innovazione tecnologica venga portata avanti nel rispetto delle normative vigenti.

Affinché quanto sottolineato sopra abbia efficacia, è fondamentale promuovere una cultura della responsabilità. In particolare, le organizzazioni devono investire nella formazione del proprio personale per garantire che tutti comprendano l'importanza della protezione dei dati e siano consapevoli delle norme e delle pratiche migliori da seguire. In questo modo, l'innovazione tecnologica non sarà vista come un pericolo per la privacy, ma come un'opportunità per sviluppare soluzioni che rispettino i diritti fondamentali delle persone.

In che modo la tecnologia blockchain può essere utilizzata per proteggere i dati personali?

La tecnologia blockchain offre numerose opportunità per migliorare la protezione dei dati personali, grazie alle sue caratteristiche intrinseche di trasparenza, sicurezza e immutabilità. Nonostante la blockchain sia stata originariamente sviluppata per supportare le criptovalute come Bitcoin, il suo utilizzo si è esteso a molti altri campi, inclusa la protezione dei dati personali. Le peculiarità della blockchain, come la decentralizzazione e l'integrità delle informazioni registrate, la rendono particolarmente adatta per affrontare alcune delle sfide più critiche legate alla protezione dei dati nell'era digitale.

In una blockchain, i dati non sono archiviati su un singolo server o gestiti da una singola entità, ma distribuiti su una rete di "nodi" che convalidano e registrano le transazioni. Questo significa che nessuna singola entità ha il controllo completo

sui dati. Ciò riduce il rischio di violazioni della sicurezza derivanti dall'accesso non autorizzato o da attacchi informatici centralizzati e risulta estremamente utile per la protezione dei dati, perché la decentralizzazione riduce la possibilità di punti deboli unici che potrebbero essere sfruttati da malintenzionati.
Un altro vantaggio chiave della blockchain è la sua immutabilità. Una volta che un'informazione è registrata su una blockchain, non può essere modificata o cancellata, a meno che non venga seguito un processo rigoroso che coinvolge l'intera rete. Questo garantisce l'integrità dei dati personali, poiché eventuali tentativi di alterare o manipolare le informazioni sarebbero facilmente rilevabili. È un aspetto rilevante per la protezione dei dati sensibili, poiché consente di tenere traccia di tutte le modifiche apportate e di garantire che i dati siano mantenuti intatti e protetti da manipolazioni non autorizzate.
La blockchain può anche essere utilizzata per gestire in modo più sicuro e trasparente il consenso degli utenti. Nell'ambito del GDPR, ad esempio, il consenso esplicito è uno degli elementi fondamentali per il trattamento dei dati personali. Utilizzando la blockchain, è possibile registrare in modo immutabile le decisioni degli utenti riguardo all'uso dei loro dati, garantendo così che le preferenze di consenso siano sempre rispettate e tracciabili. Questo meccanismo fornisce maggiore trasparenza sia agli utenti sia alle aziende, perché ogni cambiamento nei permessi per il trattamento dei dati può essere verificato su una blockchain pubblica o privata, riducendo il rischio di dispute o incomprensioni.
Un'altra applicazione interessante della blockchain per la protezione dei dati personali è la pseudonimizzazione. Sebbene la blockchain non sia stata progettata nativamente per proteggere la privacy degli utenti, è possibile implementare tecniche di pseudonimizzazione attraverso le quali i dati personali vengono sostituiti da identificatori unici che non rivelano direttamente l'identità degli individui. In questo modo, è possibile registrare le transazioni su una blockchain senza esporre dati sensibili, garantendo che le informazioni personali

rimangano protette anche se la blockchain stessa è accessibile pubblicamente. Si tratta di una tecnica particolarmente utile quando i dati devono essere condivisi o trasferiti tra diversi attori o servizi, in quanto permette di mantenere un alto livello di sicurezza e riservatezza.

La tecnologia blockchain può anche essere utilizzata per migliorare la gestione e il controllo degli accessi ai dati personali. Con l'ausilio di smart contract, vale a dire di programmi auto-eseguibili registrati su una blockchain, è possibile automatizzare e monitorare l'accesso ai dati personali in modo sicuro. Ad esempio, un'azienda potrebbe utilizzare smart contract per consentire l'accesso ai dati solo a individui o entità che soddisfano determinati criteri o che hanno ricevuto il consenso appropriato. Questo garantisce che l'accesso ai dati personali avvenga solo in conformità con le regole e le preferenze stabilite dagli utenti, riducendo il rischio di accessi non autorizzati o abusi.

La blockchain può fornire una maggiore trasparenza nel trattamento dei dati personali, consentendo agli utenti di verificare esattamente come e quando i loro dati vengono utilizzati. Grazie alla natura distribuita e immutabile della blockchain, ogni operazione sui dati personali può essere registrata in modo verificabile, creando un registro trasparente delle attività legate ai dati. Questo è particolarmente utile per garantire la conformità alle normative sulla protezione dei dati, come il regolamento europeo sulla protezione dei dati, e per rafforzare la fiducia degli utenti nei confronti dei fornitori di servizi che utilizzano i loro dati.

Quali sono le sfide della crittografia avanzata nella protezione dei dati personali?

La crittografia avanzata rappresenta uno strumento essenziale per la protezione dei dati personali e offre una barriera contro l'accesso non autorizzato tale da garantire che solo gli utenti legittimi possano decifrare le informazioni sensibili. Tuttavia, l'implementazione della crittografia avanzata non è esente da sfide che possono influire sull'efficacia della protezione dei dati personali. Queste sfide riguardano principalmente la gestione delle chiavi crittografiche, le prestazioni dei sistemi, la compatibilità con le normative e la capacità di bilanciare sicurezza e accessibilità.

Le chiavi sono elementi fondamentali del processo di crittografia, poiché sono necessarie sia per cifrare sia per decifrare i dati. La loro gestione implica la generazione, la distribuzione e la conservazione delle chiavi stesse in modo sicuro, affinché non siano compromesse o rese accessibili a terzi non autorizzati. Se le chiavi crittografiche cadono nelle mani sbagliate, l'intero sistema di crittografia può essere vanificato. Le soluzioni per la gestione delle chiavi, come i key management systems (KMS), devono quindi essere progettate con estrema attenzione per garantire che le chiavi siano protette durante l'intero ciclo di vita, dalla generazione alla distruzione.

Un altro aspetto di cui tenere conto è legato alle prestazioni dei sistemi crittografici. L'uso della crittografia, soprattutto quando si tratta di crittografia avanzata, può comportare un aumento significativo del carico computazionale, fino a rallentare il tempo necessario per cifrare e decifrare grandi volumi di dati. Questo può influire negativamente sulle prestazioni dei sistemi che trattano dati personali, in particolare in contesti come il cloud computing o l'IoT, dove la velocità di elaborazione è necessaria per garantire un'esperienza utente fluida. Le aziende devono quindi trovare un equilibrio tra l'uso di algoritmi crittografici sufficientemente robusti e l'esigenza di mantenere prestazioni accettabili. Il che può richiedere investimenti in hardware specializzato o tecnologie di ottimizzazione.

Un'ulteriore sfida rilevante è la compatibilità con le normative. In molti settori, le normative come il regolamento europeo sulla protezione dei dati richiedono l'adozione di misure adeguate per proteggere i dati personali, inclusa l'implementazione della crittografia. Tuttavia, non tutte le forme di crittografia sono considerate uguali dal punto di vista normativo. Alcuni algoritmi potrebbero non essere sufficientemente sicuri o potrebbero diventare presto obsoleti a causa dei progressi tecnologici. Le aziende devono quindi garantire che gli algoritmi crittografici che utilizzano siano conformi alle normative vigenti e aggiornati per resistere a nuove minacce. Questo richiede una vigilanza costante e l'aggiornamento periodico delle soluzioni di crittografia per evitare che i dati personali siano protetti con metodi considerati non più sicuri.

La crittografia avanzata presenta anche sfide in termini di usabilità e accessibilità. L'implementazione della crittografia può talvolta rendere più complesso l'accesso ai dati da parte degli utenti legittimi, soprattutto se sono richieste procedure aggiuntive di autenticazione o gestione delle chiavi. Ad esempio, in un contesto aziendale l'uso di chiavi crittografiche individuali può aumentare il rischio di perdita di dati se un dipendente smarrisce o dimentica la propria chiave. Allo stesso modo, le soluzioni di crittografia end-to-end, che garantiscono che i dati siano crittografati lungo l'intero percorso di trasmissione, possono complicare l'accesso ai dati da parte di terze parti autorizzate, come fornitori di servizi cloud. Bilanciare la sicurezza dei dati con la facilità di accesso e l'usabilità del sistema è perciò una sfida continua.

Infine, una delle sfide emergenti per la crittografia avanzata è rappresentata dall'ascesa dei computer quantistici. Una volta sviluppati a pieno regime, i computer quantistici potrebbero essere in grado di decifrare rapidamente molti degli algoritmi crittografici attualmente in uso. Ciò significa che i dati cifrati con tecnologie tradizionali potrebbero non essere sicuri di fronte a questo nuovo tipo di calcolo. Per affrontare questa minaccia, i ricercatori stanno lavorando su nuovi algoritmi crittografici resistenti ai computer quantistici, ma l'adozione di queste tecnologie su larga scala richiederà tempo e significativi cambiamenti infrastrutturali.

Come le tecnologie di machine learning

possono migliorare la rilevazione delle violazioni della privacy?

Le tecnologie di machine learning (ML) hanno il potenziale per migliorare notevolmente la rilevazione delle violazioni della privacy grazie alla loro capacità di analizzare grandi volumi di dati in modo rapido e accurato. Il machine learning, a differenza dei tradizionali sistemi di sicurezza basati su regole fisse, è in grado di apprendere dai dati e di adattarsi a nuove situazioni. Motivo per il quale è uno strumento estremamente efficace nel rilevare schemi di comportamento anomalo o sospetto che potrebbero sfuggire a un controllo tramite altre tecnologie.

Uno dei principali vantaggi del machine learning nella rilevazione delle violazioni della privacy è la sua capacità di analizzare in tempo reale i flussi di dati e le attività degli utenti. I sistemi ML possono monitorare continuamente il comportamento degli utenti e dei dispositivi all'interno di una rete e identificare schemi di attività che si discostano dalla norma. Ad esempio, un sistema di machine learning può rilevare un accesso non autorizzato a dati sensibili, un aumento improvviso di richieste di accesso a informazioni riservate o tentativi di esfiltrazione di dati. I comportamenti anomali possono essere rapidamente segnalati agli amministratori di sistema, che possono intervenire per bloccare potenziali violazioni prima che si verifichino danni significativi.

Inoltre, il machine learning può migliorare la rilevazione delle violazioni della privacy attraverso l'uso di algoritmi di classificazione e clustering. Questi algoritmi consentono al sistema di identificare automaticamente pattern di comportamento che potrebbero essere associati a una violazione della privacy, come accessi non usuali a determinate risorse o trasferimenti anomali di dati. Il clustering, in particolare, è utile per raggruppare eventi simili e identificare attività che, singolarmente, potrebbero sembrare innocue ma che, quando aggregate, possono costituire un attacco. In questo modo, i sistemi ML possono individuare violazioni della privacy che potrebbero non essere immediatamente evidenti attraverso i metodi tradizionali.

Un altro aspetto fondamentale del machine learning è la sua capacità di migliorare nel tempo. I modelli di ML sono in grado di apprendere dalle nuove minacce e di aggiornare le loro capacità di rilevazione man mano che vengono esposti a nuovi tipi di attacchi o violazioni. Ciò è particolarmente importante in un contesto in cui le minacce alla privacy sono in costante evoluzione e diventano sempre più sofisticate. Ad esempio, il machine learning può essere utilizzato per rilevare nuovi tipi di attacchi di phishing, di ingegneria sociale o di esfiltrazione di dati che non erano stati previsti quando il sistema era stato implementato.

Oltre a rilevare le violazioni della privacy, il machine learning può anche essere utilizzato per prevenire le violazioni migliorando la gestione degli accessi e delle autorizzazioni. I sistemi di ML possono analizzare i modelli di comportamento degli utenti per determinare quali tipi di accesso sono normali per ciascun utente e quali potrebbero rappresentare una minaccia. Ad esempio, se un dipendente che normalmente accede solo a determinati documenti inizia improvvisamente a richiedere l'accesso a file sensibili non correlati al suo ruolo, il sistema ML potrebbe segnalare questa attività come sospetta.

Il machine learning può anche essere utilizzato per migliorare la rilevazione delle violazioni della privacy nel contesto delle tecnologie IoT, dove milioni di dispositivi sono interconnessi e trasmettono continuamente dati. In questi scenari, è estremamente difficile per gli amministratori di rete monitorare tutte le attività dei dispositivi. I sistemi ML possono analizzare automaticamente il traffico generato da questi dispositivi, identificando comportamenti anomali che potrebbero indicare una compromissione della privacy o una violazione dei dati. Ad esempio, un dispositivo IoT compromesso potrebbe tentare di inviare grandi quantità di dati a un server sconosciuto. Il sistema ML potrebbe rilevare e bloccare immediatamente questo comportamento.

Tuttavia, l'uso del machine learning per la rilevazione delle violazioni della privacy non è privo di complessità. Una delle principali è la necessità di disporre di dataset di alta qualità e ben etichettati per addestrare i modelli. Senza dati sufficientemente accurati, i modelli ML potrebbero generare falsi positivi o non riuscire a rilevare comportamenti realmente sospetti. Un'altra sfida è rappresentata dal fatto che, mentre il machine learning è estremamente potente nel rilevare anomalie, potrebbe non essere sempre in grado di spiegare perché un determinato comportamento è stato classificato come una minaccia. Questa mancanza di trasparenza può rendere difficile per gli amministratori di sistema comprendere e affrontare la causa sottostante alle violazioni.

In che modo la normativa europea affronta la protezione dei dati personali nei dispositivi IoT?

La normativa europea, in particolare attraverso il GDPR, affronta la protezione dei dati personali nei dispositivi IoT con un approccio centrato sui diritti dell'individuo e la responsabilità di chi tratta i dati. I dispositivi IoT, che comprendono qualsiasi oggetto connesso a Internet in grado di raccogliere, elaborare e trasmettere dati, sollevano numerose preoccupazioni in termini di privacy e sicurezza. Il regolamento europeo sulla protezione dei dati fornisce un quadro normativo solido per garantire che i dati personali trattati da tali dispositivi siano protetti in modo adeguato.

Anzitutto i principi della "privacy by design" e "privacy by default" impongono che i dispositivi debbano essere progettati in modo tale da raccogliere solo i dati strettamente necessari per le finalità dichiarate e debbano garantire che i dati siano trattati in modo sicuro. La raccolta dei dati personali deve avvenire solo se è indispensabile e le impostazioni predefinite dei dispositivi devono garantire la massima protezione possibile della privacy, evitando la raccolta eccessiva di informazioni.

La trasparenza è un altro elemento del GDPR che regola la

protezione dei dati personali nei dispositivi IoT. I produttori e gli operatori devono fornire informazioni chiare e comprensibili agli utenti riguardo a quali dati vengono raccolti, per quali scopi, a chi avrà accesso a questi dati e per quanto tempo saranno conservati. Gli utenti devono essere messi in grado di comprendere appieno come i loro dati verranno utilizzati e in che modo poter esercitare i loro diritti, tra cui il diritto all'accesso, alla rettifica o alla cancellazione, secondo quanto stabilito dalla norma.

Il regolamento europeo impone inoltre un forte obbligo di consenso informato. Nel contesto dell'IoT, gli utenti devono essere in grado di dare il loro consenso esplicito e informato prima che i loro dati vengano raccolti e trattati. Questo è particolarmente rilevante per dispositivi come wearable o assistenti vocali, che spesso raccolgono dati personali sensibili tra cui le abitudini quotidiane, la posizione geografica o persino le informazioni mediche. La normativa richiede che il consenso sia ottenuto in modo chiaro e non ambiguo e che l'utente possa ritirarlo in qualsiasi momento.

Un altro strumento importante fornito dal regolamento europeo sulla protezione dei dati è la valutazione d'impatto sulla protezione dei dati (DPIA). Questa procedura deve essere eseguita quando l'uso dei dispositivi IoT potrebbe comportare un rischio elevato per i diritti e le libertà delle persone, ad esempio quando vengono trattati dati su larga scala o dati particolarmente sensibili. La valutazione d'impatto aiuta a identificare e mitigare i rischi prima dell'implementazione del dispositivo o del sistema IoT, assicurando che siano prese tutte le misure necessarie per proteggere la privacy degli utenti.

Non da ultimo è importante notare che, oltre al regolamento europeo sulla protezione dei dati, la normativa europea sta evolvendo per tenere il passo con l'innovazione tecnologica. Il Regolamento ePrivacy, che è attualmente in fase di elaborazione, sarà complementare al GDPR e fornirà norme più specifiche riguardanti la privacy nelle comunicazioni elettroniche, comprese quelle legate all'Internet of Things. Questo regolamento prevede di rafforzare ulteriormente la protezione dei dati personali in settori come la pubblicità comportamentale e il tracciamento online, due ambiti strettamente connessi ai dispositivi IoT.

Quali sono le misure di sicurezza richieste per i dati personali nei sistemi di intelligenza artificiale?

La protezione dei dati personali nei sistemi di intelligenza artificiale è una questione critica, dato che questi sistemi trattano spesso enormi quantità di informazioni, comprese quelle sensibili. Per garantire che i dati personali siano gestiti in modo sicuro all'interno di tali sistemi, le normative europee richiedono l'implementazione di una serie di misure tecniche e organizzative adeguate. Queste misure mirano a prevenire accessi non autorizzati, nonché la perdita, l'alterazione o la divulgazione indebita dei dati. Di seguito, esaminiamo alcune delle misure di sicurezza fondamentali richieste per la protezione dei dati personali nei sistemi di IA.

Non diversamente da quanto accade per i sistemi tradizionali, una delle misure principali è la crittografia dei dati, il cui scopo è garantire che le informazioni siano protette durante la loro conservazione e trasmissione. La crittografia rende i dati illeggibili a chiunque non sia autorizzato ad accedervi, limitando così i rischi di furti o violazioni. Nei sistemi di intelligenza artificiale, dove i dati personali possono essere elaborati in ambienti distribuiti o trasmessi tra diversi nodi, la crittografia è essenziale per mantenere la riservatezza delle informazioni.

Un altro elemento chiave è la pseudonimizzazione, tecnica che permette di trattare i dati personali in modo che non possano essere attribuiti a un soggetto specifico senza l'uso di informazioni aggiuntive, conservate separatamente. Nei sistemi di IA, la pseudonimizzazione riduce il rischio di collegare i dati trattati all'identità reale degli utenti, proteggendo la loro privacy anche in caso di accesso non autorizzato ai dati pseudonimizzati.

La limitazione dell'accesso è un'altra misura essenziale per la sicurezza dei dati personali nei sistemi di IA. Solo gli utenti autorizzati e le entità che necessitano effettivamente di accedere ai dati per scopi legittimi devono poterlo fare. Questo richiede l'implementazione di controlli di accesso rigorosi, basati su criteri quali l'autenticazione a più fattori (Multi-Factor Authentication, MFA) e il principio del privilegio minimo (least privilege) in base ai quali ogni utente ha accesso solo alle informazioni strettamente necessarie per svolgere il proprio lavoro.

La trasparenza nei processi decisionali dell'IA è anch'essa fondamentale per garantire la protezione dei dati personali. Poiché molti sistemi di IA utilizzano algoritmi complessi per prendere decisioni automatizzate, è necessario che tali processi siano comprensibili e verificabili. Non si tratta solo di garantire la conformità con le normative sulla protezione dei dati, ma di consentire agli utenti di comprendere come i loro dati personali vengono effettivamente trattati.

I problemi relativi alla trasparenza nel funzionamento dei sistemi IA sono complessi. Se il processo di elaborazione dei dati comprende passaggi di scelta o decisione non deterministici, ricostruire ex-post cosa è accaduto all'interno del sistema può risultare arduo. L'approccio suggerito in questi casi è descrivere in anticipo le caratteristiche del sistema, dichiarare la presenza di strati che comportano decisioni automatiche e presentare le caratteristiche di design in modo comprensibile per l'utente, che deve essere informato in modo idoneo a esprimere un consenso valido per il trattamento dei propri dati.

Le organizzazioni devono inoltre garantire la valutazione continua dei rischi per la sicurezza dei dati. I sistemi di IA sono soggetti a minacce e vulnerabilità che possono evolvere rapidamente, per cui è necessario condurre periodiche valutazioni d'impatto sulle misure di protezione. Le valutazioni aiutano a identificare e mitigare i potenziali rischi, garantendo che le misure di sicurezza adottate rimangano efficaci nel tempo. Un'ulteriore misura richiesta è la gestione sicura delle chiavi crittografiche, che implica la creazione, distribuzione e protezione delle chiavi utilizzate per cifrare e decifrare i dati. Una gestione inadeguata delle chiavi può compromettere la sicurezza dell'intero sistema, rendendo vulnerabili i dati protetti da crittografia.

Il monitoraggio continuo e il log management sono altre misure fondamentali. I sistemi di IA devono essere monitorati in tempo reale per rilevare e rispondere a potenziali incidenti di sicurezza, come accessi non autorizzati o anomalie nel trattamento dei dati. I registri delle attività devono essere conservati in modo sicuro per consentire l'audit e la verifica delle operazioni eseguite sui dati personali.

Come si può garantire la trasparenza nell'uso dei dati personali con le nuove tecnologie?

La trasparenza nell'uso dei dati personali è uno dei principi fondamentali sanciti dal GDPR e rappresenta una sfida sempre più complessa con l'evoluzione delle nuove tecnologie. Inoltre, garantire la trasparenza è essenziale per mantenere la fiducia degli utenti e per assicurare che i loro diritti alla privacy siano rispettati. La trasparenza implica che gli utenti siano adeguatamente informati su come i loro dati vengono raccolti, trattati e utilizzati, e che abbiano un controllo significativo su tali processi. Per raggiungere questo obiettivo, ci sono diverse strategie e misure che le organizzazioni possono adottare.

In primo luogo, uno dei modi più efficaci per garantire la trasparenza è fornire informazioni chiare e accessibili agli utenti riguardo al trattamento dei loro dati personali. Le organizzazioni devono spiegare, in modo comprensibile e conciso, quali dati vengono raccolti, per quali finalità, con chi vengono condivisi e per quanto tempo verranno conservati. Queste informazioni devono essere fornite in modo semplice, evitando un linguaggio tecnico e giuridico troppo complesso.

In pratica, le informative sulla privacy devono essere redatte in modo da poter essere comprese da una persona media, con spiegazioni dirette e facilmente accessibili attraverso siti web, app o altri canali digitali. La chiarezza è fondamentale affinché gli utenti possano prendere decisioni informate e consapevoli riguardo al trattamento dei loro dati personali.

In secondo luogo, per garantire la trasparenza nell'uso dei dati personali, le organizzazioni devono ottenere il consenso informato degli utenti prima di raccogliere e trattare i loro dati. Il regolamento europeo sulla protezione dei dati richiede che il consenso sia libero, specifico, informato e inequivocabile. Questo significa che gli utenti devono poter comprendere chiaramente a cosa stanno acconsentendo e avere la possibilità di rifiutare o ritirare il loro consenso in qualsiasi momento. L'uso delle nuove tecnologie non deve mai compromettere il diritto degli utenti a controllare i propri dati. Ciò significa che nelle applicazioni di intelligenza artificiale o di IoT, gli utenti dovrebbero poter gestire le loro preferenze sui dati in modo facile e diretto, ricevendo avvisi quando le loro informazioni vengono raccolte o elaborate.

Un altro modo per garantire la trasparenza è attraverso la tracciabilità delle operazioni sui dati. Le organizzazioni possono implementare tecniche che consentano agli utenti di vedere come e quando i loro dati vengono utilizzati. Grazie a tecnologie come la blockchain, ad esempio, è possibile creare registri trasparenti e immutabili delle transazioni sui dati personali. In questo modo, gli utenti possono verificare quali organizzazioni hanno avuto accesso ai loro dati e per quali scopi. La tracciabilità delle operazioni sui dati ha lo scopo di garantire che i dati non vengano utilizzati per finalità diverse da quelle inizialmente dichiarate.

Le nuove tecnologie richiedono anche un maggiore impegno da parte delle organizzazioni nel fornire spiegazioni sui processi decisionali automatizzati. Quando i dati personali sono trattati da sistemi di intelligenza artificiale o da algoritmi di machine learning, gli utenti devono essere informati su tali processi e sul modo in cui le decisioni automatizzate possono influenzarli. Se un algoritmo decide se concedere o meno un prestito a un individuo, è necessario che l'utente sia a conoscenza del fatto che una macchina sta elaborando tali decisioni. Il che sottintende il diritto di richiedere una spiegazione riguardo alla logica seguita dall'algoritmo.

Per rafforzare ulteriormente la trasparenza nell'uso dei dati personali, le organizzazioni devono garantire la responsabilità e il controllo interno. Questo implica la nomina di un responsabile della protezione dei dati o DPO, laddove richiesto, e l'implementazione di politiche interne di controllo e audit che monitorino come i dati vengono raccolti e utilizzati. I controlli interni devono essere progettati per garantire che tutte le attività di trattamento dei dati siano conformi al regolamento europeo sulla protezione dei dati e alle normative locali sulla privacy.

3. SICUREZZA DIGITALE

Quali sono i principali requisiti di certificazione per la cybersicurezza dei prodotti digitali?

La certificazione per la cybersicurezza dei prodotti digitali è un processo fondamentale che mira a garantire che i dispositivi, i software e i servizi siano progettati e implementati con standard di sicurezza adeguati. In un contesto in cui le minacce informatiche sono sempre più diffuse e sofisticate, ottenere una certificazione di cybersicurezza dimostra che un prodotto è stato sottoposto a verifiche e test rigorosi per garantirne la sicurezza e l'affidabilità. A livello europeo, la certificazione di cybersicurezza si sta evolvendo, soprattutto grazie al Cybersecurity Act, il Regolamento (UE) 2019/881, che ha introdotto un quadro comune europeo per la certificazione dei prodotti digitali.

Nel quadro della norma, uno dei principali requisiti di certificazione per i prodotti digitali è la valutazione dei rischi di sicurezza. Le aziende devono dimostrare di aver condotto una valutazione approfondita delle minacce potenziali che potrebbero compromettere la sicurezza del prodotto o dei dati gestiti. Questa valutazione permette di identificare le vulnerabilità e di implementare misure preventive adeguate, come la crittografia, il controllo degli accessi e la protezione contro gli attacchi informatici. I prodotti devono essere progettati in modo da minimizzare le vulnerabilità e da resistere agli attacchi più comuni, come il malware, il phishing o i tentativi diretti di forzare le protezioni.

Un altro requisito essenziale è l'adozione di misure tecniche di sicurezza, che includono la protezione dei dati attraverso tecniche di crittografia avanzata, la gestione sicura delle chiavi e l'uso di protocolli sicuri per la comunicazione tra dispositivi. Inoltre, i prodotti digitali devono essere dotati di meccanismi per la gestione sicura degli aggiornamenti software. L'assenza di aggiornamenti regolari o l'uso di sistemi vulnerabili in termini di sicurezza rappresentano una delle principali cause di successo degli attacchi informatici. Uno dei requisiti chiave per la certificazione è quindi garantire che il prodotto possa essere aggiornato in modo sicuro e tempestivo, senza compromettere l'integrità del sistema.

La trasparenza è un altro aspetto importante nella certificazione per la cybersicurezza. I produttori di prodotti digitali devono fornire documentazione dettagliata che spieghi le misure di sicurezza adottate, i meccanismi di aggiornamento e la gestione delle vulnerabilità. Gli utenti finali devono essere in grado di capire come viene gestita la sicurezza del prodotto e cosa viene fatto per proteggerli dalle minacce informatiche. Tutto ciò aiuta a costruire fiducia nel prodotto e a garantire che gli utenti comprendano i rischi e le protezioni disponibili.

Deve poi essere presente una adeguata gestione delle vulnerabilità. I prodotti digitali devono includere un processo per la gestione delle vulnerabilità che consenta di rilevare e correggere rapidamente eventuali falle di sicurezza. Questo include l'adozione di politiche di patch management, tendenti ad assicurare che eventuali vulnerabilità scoperte dopo il rilascio del prodotto vengano corrette attraverso aggiornamenti software. La capacità di rispondere rapidamente alle nuove minacce è essenziale per mantenere un elevato livello di sicurezza.

Infine, è importante considerare la resilienza del prodotto contro gli attacchi. Un prodotto certificato deve dimostrare di essere in grado di continuare a funzionare anche in presenza di attacchi o malfunzionamenti. Tale capacità di resistere o di riprendersi rapidamente da un attacco è fondamentale per i prodotti utilizzati in ambito sanitario, finanziario o nelle infrastrutture critiche. Questo è il motivo per cui i test di resilienza vengono spesso inclusi nel processo di certificazione per garantire che il prodotto possa gestire eventi imprevisti senza compromettere la sicurezza dei dati o dei sistemi.

Come le nuove normative europee migliorano la risposta agli incidenti di sicurezza informatica?

Le nuove normative europee hanno introdotto misure significative per migliorare la risposta agli incidenti di sicurezza informatica, rafforzando la protezione delle infrastrutture digitali e assicurando che le organizzazioni siano meglio preparate a prevenire, gestire e rispondere a tali incidenti. Tra le normative più rilevanti, oltre al regolamento europeo sulla protezione dei dati, c'è la Direttiva NIS2. Insieme stabiliscono linee guida e obblighi chiari per le organizzazioni, mirati a garantire una reazione tempestiva ed efficace di fronte a minacce e attacchi informatici.

La Direttiva NIS2 (Network and Information Systems Directive), che aggiorna la precedente Direttiva NIS, rappresenta un passo avanti nel migliorare la risposta agli incidenti di sicurezza informatica in Europa. La direttiva si applica alle infrastrutture critiche e ai settori essenziali, come i trasporti, la sanità, l'energia e il settore finanziario, stabilendo requisiti stringenti per la gestione della sicurezza informatica. Tra le sue misure più rilevanti vi è l'obbligo per le organizzazioni di implementare piani di gestione degli incidenti e di effettuare test regolari delle loro capacità di risposta. Questi piani devono includere procedure dettagliate per rilevare, analizzare, contenere e mitigare gli effetti di un incidente di sicurezza, nonché per il ripristino delle normali operazioni. Ciò assicura che le organizzazioni siano preparate a rispondere in modo coordinato e sistematico a eventuali attacchi.

Le nuove normative europee, inoltre, promuovono la cooperazione internazionale e intersettoriale per la gestione degli incidenti di sicurezza informatica. La Direttiva NIS2 richiede in tal senso la creazione di punti di contatto nazionali che collaborino con gli altri Stati membri dell'Unione europea per condividere informazioni sugli incidenti e coordinare le risposte a livello transfrontaliero. Un approccio integrato che consente di affrontare le minacce informatiche in modo più efficiente, poiché gli attacchi su larga scala, come quelli che colpiscono più paesi contemporaneamente, possono essere gestiti in modo più efficace grazie a una maggiore condivisione delle informazioni e delle risorse.

Un altro elemento che caratterizza le nuove normative europee è l'obbligo di adottare misure preventive e proattive per ridurre il rischio di incidenti relativi alla sicurezza informatica. La direttiva NIS2, ad esempio, richiede che le organizzazioni adottino pratiche di sicurezza informatica all'avanguardia, come la gestione dei rischi, l'uso di tecnologie di difesa avanzate e la formazione del personale. Queste misure proattive non solo riducono la probabilità di incidenti, ma garantiscono che le organizzazioni siano meglio equipaggiate per rispondere efficacemente quando si verificano attacchi informatici.

La NIS2, poi, prevede sanzioni onerose per le organizzazioni che non riescono a conformarsi ai requisiti di sicurezza informatica o a rispondere adeguatamente agli incidenti. Le multe possono essere molto elevate e in alcuni casi possono arrivare fino al 2% del fatturato globale annuo dell'organizzazione. L'obbligo di conformità è un forte incentivo per le organizzazioni a migliorare le proprie difese e a garantire che siano in grado di rispondere in modo tempestivo ed efficace agli incidenti di sicurezza.

In che modo le tecnologie di intelligenza artificiale possono essere utilizzate per migliorare la cybersicurezza?

Le tecnologie di intelligenza artificiale offrono un grande potenziale per migliorare la cybersicurezza, grazie alla loro capacità di analizzare grandi quantità di dati in modo rapido, rilevare minacce emergenti e automatizzare i processi di risposta agli attacchi. L'IA può essere utilizzata in vari modi per rafforzare le difese informatiche e ridurre il tempo di risposta agli incidenti, rendendo i sistemi di sicurezza più proattivi ed efficaci.

Uno dei principali vantaggi dell'intelligenza artificiale nella cybersicurezza è la capacità di rilevare minacce in tempo reale. I sistemi di IA possono monitorare continuamente grandi volumi di dati e identificare comportamenti anomali che potrebbero indicare un attacco informatico in corso. Grazie all'uso di algoritmi di machine learning, questi sistemi sono in grado di apprendere dalle minacce precedenti e di migliorare nel tempo la loro capacità di riconoscere attività sospette. Ad esempio, l'IA può rilevare modelli di comportamento insoliti nei dati di accesso a una rete, come un aumento improvviso di tentativi di accesso da località inusuali o da utenti non autorizzati. Questa capacità di rilevazione precoce consente alle organizzazioni di intervenire prima che un attacco possa causare danni significativi.

L'intelligenza artificiale può anche essere utilizzata per migliorare la gestione delle vulnerabilità. L'IA può analizzare i sistemi per identificare potenziali falle di sicurezza, come software non aggiornato o configurazioni errate, e suggerire le correzioni appropriate. Inoltre, grazie alla sua capacità di analizzare dati provenienti da fonti diverse, l'IA può aiutare a prevedere quali vulnerabilità è più probabile vengano sfruttate dagli attaccanti, facendo in modo che le organizzazioni si concentrino sulla protezione dei punti più critici.

Un altro aspetto importante è l'uso dell'IA per l'automazione della risposta agli incidenti. L'IA può essere programmata per attivare automaticamente contromisure in risposta a minacce specifiche, come il blocco di un indirizzo IP sospetto o la quarantena di un sistema compromesso. L'automazione accorcia il tempo necessario per rispondere agli attacchi, riducendo al minimo il potenziale impatto. In particolare, le tecnologie di Security Information and Event Management (SIEM), che combinano la raccolta di dati su eventi di sicurezza con capacità di analisi avanzata, stanno beneficiando notevolmente dell'integrazione con l'IA. Questi sistemi possono generare avvisi più accurati e ridurre il numero di falsi positivi, consentendo ai team di sicurezza di concentrarsi su minacce reali.

L'intelligenza artificiale è anche utile per combattere attacchi zero-day, cioè attacchi basati su vulnerabilità sconosciute e per le quali non esistono ancora patch o soluzioni. Gli algoritmi di machine learning possono identificare comportamenti anomali che suggeriscono l'uso di exploit sconosciuti, permettendo di bloccare l'attacco anche prima che venga scoperta la vulnerabilità. La capacità di affrontare minacce non ancora conosciute è particolarmente preziosa in un contesto in cui i criminali informatici sviluppano continuamente nuove tecniche di attacco.

L'IA può inoltre migliorare la protezione delle identità attraverso l'uso di sistemi di autenticazione avanzata. Ad esempio, le tecnologie di IA possono essere utilizzate per analizzare il comportamento degli utenti e identificare modelli di autenticazione sospetti, come cambiamenti nelle abitudini di accesso o uso di dispositivi inusuali. Questi sistemi possono rafforzare l'autenticazione a più fattori, richiedendo verifiche aggiuntive solo quando viene rilevato un comportamento atipico.

Le tecnologie di IA vengono utilizzate anche per prevenire attacchi di phishing. I sistemi di IA possono analizzare il contenuto delle e-mail, dei messaggi e dei siti web per individuare questa tipologia di attacco, segnalando comunicazioni sospette o bloccando l'accesso a siti potenzialmente dannosi. Gli algoritmi di machine learning a loro volta possono apprendere dai modelli di phishing precedenti e riconoscere nuove varianti di questi attacchi, migliorando costantemente la loro capacità di protezione contro minacce simili in futuro. È importante notare che, sebbene l'intelligenza artificiale offra numerosi vantaggi per la cybersicurezza, l'addestramento degli algoritmi richiede grandi quantità di dati di alta qualità. Senza dati sufficientemente rappresentativi, i modelli potrebbero non essere in grado di rilevare correttamente le minacce o, al contrario, potrebbero generare troppi falsi positivi. Senza dimenticare che i criminali informatici potrebbero cercare di manipolare i dati per ingannare i sistemi di IA e sfuggire alla rilevazione. È quindi fondamentale adottare misure di sicurezza per proteggere i sistemi di IA stessi da eventuali manipolazioni.

Quali sono le principali vulnerabilità dei sistemi IoT in termini di cybersicurezza?

I sistemi IoT stanno trasformando numerosi settori, collegando dispositivi intelligenti che comunicano tra loro e con le reti globali. Tuttavia, questa connessione continua e la diffusione capillare dei dispositivi espongono tali sistemi a una vasta gamma di vulnerabilità, rendendoli obiettivi interessanti per i cybercriminali. La natura frammentata e spesso eterogenea dell'ecosistema IoT, insieme alla mancanza di standard di sicurezza uniformi, crea diverse debolezze che devono essere affrontate per migliorare la sicurezza complessiva.

Una delle principali vulnerabilità dei sistemi IoT è la scarsa sicurezza integrata nei dispositivi. Molti dispositivi vengono sviluppati con una forte attenzione alla funzionalità e alla facilità d'uso, a scapito della sicurezza. Ad esempio, molti dispositivi IoT non implementano adeguati protocolli di autenticazione o utilizzano password predefinite e facilmente individuabili. Queste debolezze permettono agli attaccanti di accedere ai dispositivi IoT con relativa facilità, compromettendo la rete o sfruttando i dispositivi per lanciare attacchi distribuiti, come gli attacchi DDoS (Distributed Denial of Service).

Un'altra vulnerabilità comune riguarda la mancanza di aggiornamenti e patch di sicurezza. Molti dispositivi IoT non sono progettati per ricevere aggiornamenti software regolari, il che significa che una volta individuata una vulnerabilità, il dispositivo potrebbe rimanere esposto per lungo tempo. Anche quando sono disponibili aggiornamenti, spesso gli utenti non sono adeguatamente informati o incentivati a installarli. Questo problema è aggravato dal fatto che alcuni dispositivi IoT hanno una durata di vita relativamente lunga, ma il supporto del produttore potrebbe cessare prima, lasciando i dispositivi senza protezione ed esposti a nuove minacce.

Una vulnerabilità critica nei sistemi IoT è anche la mancanza di crittografia nei dati trasmessi. Molti dispositivi IoT trasmettono dati sensibili senza adottare misure di crittografia adeguate, rendendo le informazioni vulnerabili durante la trasmissione. Senza crittografia, i dati possono essere intercettati o alterati da terze parti non autorizzate, esponendo gli utenti a rischi di violazione della privacy o manipolazione delle informazioni. Ad esempio, in dispositivi come telecamere di sicurezza o termostati intelligenti la mancanza di crittografia potrebbe consentire a un attaccante di intercettare dati personali o alterare le impostazioni del dispositivo.

La scarsa segmentazione della rete è un altro punto debole nei sistemi IoT. Molti dispositivi IoT vengono connessi alla stessa rete utilizzata da computer e altri dispositivi critici, creando un rischio significativo per la sicurezza. Se un singolo dispositivo IoT viene compromesso, l'attaccante potrebbe utilizzarlo come punto di ingresso per accedere ad altre parti della rete e lanciare attacchi più ampi, compromettendo l'intera infrastruttura. Una segmentazione della rete inappropriata o inesistente consente agli attaccanti di espandere il loro raggio d'azione una volta entrati nel sistema attraverso un dispositivo vulnerabile.

La limitata potenza di elaborazione di molti dispositivi IoT rappresenta un'ulteriore vulnerabilità. A causa della loro natura spesso ridotta e a basso costo, molti device non dispongono della capacità di implementare algoritmi di sicurezza robusti. Questa limitazione impedisce l'uso di crittografia avanzata o di tecnologie di autenticazione più sicure. Inoltre, l'assenza di capacità di monitoraggio e rilevazione delle intrusioni all'interno dei dispositivi stessi rende difficile per gli utenti sapere se il dispositivo è stato compromesso o se viene utilizzato in modo malevolo.

La scarsa consapevolezza degli utenti è un altro fattore che contribuisce alle vulnerabilità dei sistemi IoT. Molti consumatori non comprendono appieno i rischi associati all'uso di dispositivi IoT e spesso non modificano le impostazioni di sicurezza predefinite, come le password o le configurazioni di rete. Questo comportamento può facilitare l'accesso non autorizzato ai dispositivi e aumentare il rischio di compromissione. Inoltre, molti utenti non sono consapevoli dell'importanza degli aggiornamenti software o delle misure di protezione aggiuntive.

A coronamento di quanto detto finora non va tralasciata la carenza di standardizzazione e regolamentazione. Il mercato IoT è frammentato, con una vasta gamma di produttori che offrono dispositivi con standard di sicurezza variabili. La mancanza di standardizzazione significa che i dispositivi non sono soggetti agli stessi requisiti di sicurezza, il che crea un ambiente disomogeneo in cui i dispositivi meno sicuri possono compromettere la sicurezza complessiva di un sistema IoT.

Come si possono proteggere le infrastrutture critiche dalle minacce informatiche?

Le infrastrutture critiche - tra cui i sistemi energetici, le reti di telecomunicazioni, i trasporti, la sanità e i servizi finanziari - sono essenziali per il funzionamento della società moderna e devono essere protette da una crescente varietà di minacce informatiche. Poiché queste infrastrutture sono sempre più digitalizzate e interconnesse, diventano obiettivi attraenti per attacchi informatici, che potrebbero causare danni significativi in termini di disservizi, perdite economiche e rischi per la sicurezza pubblica. Proteggere queste infrastrutture dalle minacce informatiche richiede un approccio multilivello che coinvolga misure tecniche, organizzative e normative.

Uno dei pilastri fondamentali per la protezione delle infrastrutture critiche è l'implementazione di solide misure di sicurezza informatica a livello tecnologico. Le misure includono la segmentazione delle reti, la crittografia per proteggere i dati sensibili, i firewall avanzati, i sistemi di prevenzione e rilevamento delle intrusioni (IDS/IPS) e le soluzioni di autenticazione multifattoriale. La segmentazione delle reti, in particolare, è necessaria per limitare il movimento laterale degli attaccanti all'interno di un'infrastruttura: isolare i sistemi critici in reti separate riduce il rischio che un attacco su una parte dell'infrastruttura comprometta l'intero sistema. Inoltre, l'utilizzo di tecniche di monitoraggio avanzato, come l'intelligenza artificiale e il machine learning, consente di rilevare attività sospette in tempo reale e di rispondere rapidamente agli incidenti di sicurezza.

La formazione e la consapevolezza del personale sono un altro elemento chiave nella protezione delle infrastrutture critiche. Spesso gli attacchi informatici sfruttano errori umani, come l'apertura di e-mail di phishing o il download di allegati dannosi. Fornire una formazione continua ai dipendenti sui rischi informatici e sulle buone pratiche per evitare attacchi riduce significativamente il rischio di incidenti. Le organizzazioni dovrebbero inoltre simulare attacchi informatici, come esercitazioni di phishing o test di penetrazione, per valutare la prontezza del personale e migliorare la loro capacità di rispondere alle minacce.

Un altro strumento essenziale per proteggere le infrastrutture critiche è l'adozione di piani di continuità operativa e di gestione delle crisi. Questi piani devono includere strategie per garantire che i sistemi critici continuino a funzionare anche in caso di attacchi informatici. La creazione di backup regolari e la ridondanza dei sistemi chiave sono componenti fondamentali di un piano di continuità operativa, che consente di ripristinare rapidamente le operazioni in caso di disastro. Un piano di gestione delle crisi deve definire chiaramente i ruoli e le responsabilità del personale durante un attacco, nonché le procedure di comunicazione interne ed esterne per ridurre i tempi di risposta e mitigare l'impatto dell'attacco.

La cooperazione tra settore pubblico e privato è un'altra componente essenziale per la protezione delle infrastrutture critiche. Poiché molte infrastrutture critiche sono gestite da enti privati, è fondamentale che questi attori collaborino con le autorità governative e condividano informazioni su minacce e attacchi. In Europa, la Direttiva NIS2 richiede una maggiore collaborazione tra gli Stati membri e le aziende che gestiscono infrastrutture critiche per migliorare la resilienza e la risposta agli incidenti. La cooperazione prevede la condivisione di informazioni sulle minacce, la standardizzazione delle procedure di sicurezza e la creazione di reti di comunicazione sicure per la gestione delle crisi.

La valutazione e la gestione continua dei rischi sono fondamentali per garantire che le infrastrutture critiche siano in grado di far fronte a nuove minacce. Le organizzazioni devono condurre regolarmente valutazioni dei rischi informatici per identificare potenziali vulnerabilità e determinare le contromisure necessarie per ridurre il rischio. Questo processo di valutazione deve essere dinamico, poiché le minacce informatiche evolvono rapidamente. Una gestione efficace del rischio implica non solo la mitigazione delle vulnerabilità tecniche, ma anche la valutazione di fattori umani e organizzativi che potrebbero esporre l'infrastruttura a minacce.

È importante anche adottare standard e certificazioni di sicurezza riconosciuti a livello internazionale. Standard come l'ISO/IEC 27001, che stabilisce i requisiti per i sistemi di gestione della sicurezza delle informazioni, forniscono un quadro di riferimento alle organizzazioni per implementare misure di sicurezza solide e coerenti. La conformità a tali standard garantisce che le infrastrutture critiche seguano le migliori pratiche di sicurezza e siano pronte a rispondere alle minacce in modo efficace. Senza dimenticare che alcune normative, come il Cybersecurity Act dell'Unione europea, richiedono la certificazione della cybersicurezza per prodotti e servizi, incentivando così le organizzazioni a migliorare continuamente le loro difese.

Quali sono i requisiti di sicurezza per le

piattaforme di cloud computing secondo le nuove indicazioni europee?

Le nuove norme europee definiscono una serie di requisiti di sicurezza specifici per le piattaforme di cloud computing, con l'obiettivo di garantire la protezione dei dati personali e la resilienza delle infrastrutture critiche. I requisiti si concentrano su aspetti come la protezione dei dati, la gestione delle vulnerabilità, la continuità operativa e la conformità alle normative.

Il regolamento europeo sulla protezione dei dati stabilisce che i fornitori di servizi di cloud computing devono adottare misure tecniche e organizzative adeguate a garantire la sicurezza dei dati trattati. Ciò include l'uso di tecniche di crittografia per proteggere i dati durante la loro trasmissione e archiviazione, l'implementazione di misure di pseudonimizzazione e l'adozione di politiche di minimizzazione dei dati, in modo che vengano raccolti solo i dati strettamente necessari per la finalità dichiarata. Le piattaforme di cloud computing devono garantire che i dati personali siano trattati nel rispetto dei diritti degli interessati e che le organizzazioni che utilizzano i servizi cloud possano facilmente esercitare diritti come l'accesso, la rettifica e la cancellazione dei dati.

Un altro requisito fondamentale riguarda la gestione degli accessi. Le piattaforme di cloud computing devono implementare controlli rigorosi per garantire che solo il personale autorizzato abbia accesso ai dati personali o alle risorse sensibili. L'autenticazione multifattoriale è spesso richiesta per proteggere gli account utente da accessi non autorizzati, mentre l'adozione del principio del privilegio minimo assicura che gli utenti abbiano accesso solo alle informazioni e alle risorse necessarie per svolgere il proprio lavoro.

La continuità operativa è un altro aspetto critico regolamentato dalle norme europee, in particolare dalla Direttiva NIS2 che impone alle piattaforme di cloud computing di adottare piani di gestione delle crisi e della continuità operativa. I piani devono garantire che i servizi cloud possano continuare a funzionare anche in caso di incidenti di sicurezza o malfunzionamenti, minimizzando i tempi di inattività e l'impatto sulle attività aziendali. Le piattaforme cloud devono implementare misure di ridondanza, come il backup regolare dei dati e la distribuzione geografica delle risorse, per assicurare la disponibilità dei dati anche in caso di guasti fisici o attacchi informatici.

Un requisito fondamentale per la sicurezza delle piattaforme di cloud computing è la gestione delle vulnerabilità e degli aggiornamenti. Le piattaforme cloud devono essere in grado di rilevare e correggere rapidamente le vulnerabilità di sicurezza attraverso aggiornamenti e patch tempestivi. Inoltre, è importante che venga attuato un sistema di monitoraggio continuo delle infrastrutture per identificare potenziali minacce o anomalie che possano indicare la presenza di un attacco. Il mancato aggiornamento delle vulnerabilità note rappresenta uno dei principali rischi per la sicurezza, motivo per cui le norme europee pongono grande enfasi sull'adozione di pratiche di gestione proattiva delle vulnerabilità.

La trasparenza e la tracciabilità delle operazioni sono anch'esse requisiti chiave per le piattaforme di cloud computing. I fornitori di servizi cloud devono garantire che i loro clienti abbiano visibilità su come i dati vengono trattati, dove sono conservati e chi vi ha accesso. La registrazione delle operazioni di accesso e trattamento dei dati è fondamentale per assicurare la trasparenza. I registri devono essere conservati in modo sicuro per consentire audit e controlli da parte delle autorità competenti. Inoltre, le piattaforme cloud devono essere in grado di fornire ai propri clienti informazioni dettagliate sulle misure di sicurezza adottate e sugli incidenti di sicurezza che potrebbero compromettere i dati o i servizi.

Infine, la conformità alle normative europee e agli standard internazionali di sicurezza è un altro requisito fondamentale. Le piattaforme di cloud computing devono garantire che le loro infrastrutture e i loro processi siano conformi non solo al regolamento europeo sulla protezione dei dati e alla Direttiva NIS2, ma anche agli standard di sicurezza internazionali, come l'ISO/IEC 27001. La certificazione della conformità agli standard internazionali è spesso un requisito essenziale per attrarre clienti e garantire fiducia nei servizi cloud.

In che modo le tecnologie blockchain possono migliorare la sicurezza delle transazioni digitali?

Le tecnologie blockchain offrono numerosi vantaggi in termini di sicurezza per le transazioni digitali, grazie alle loro caratteristiche intrinseche di decentralizzazione, immutabilità e trasparenza. Questi aspetti rendono la blockchain una soluzione ideale per affrontare molte delle sfide legate alla sicurezza che riguardano le transazioni digitali in vari settori, come quello finanziario, la logistica e la gestione delle identità.

A differenza dei sistemi tradizionali, dove le transazioni vengono gestite e convalidate da una singola entità centrale, la blockchain opera su una rete distribuita di nodi che lavorano insieme per verificare le transazioni. Ogni nodo nella rete detiene una copia aggiornata del registro delle transazioni, il che riduce significativamente il rischio di attacchi informatici, poiché non esiste un singolo punto di vulnerabilità che possa essere compromesso. La decentralizzazione rende le transazioni digitali più sicure, poiché per manipolare o compromettere una transazione, un attaccante dovrebbe controllare contemporaneamente la maggior parte dei nodi della rete, cosa estremamente difficile da realizzare in una blockchain ben distribuita.

Un altro aspetto chiave della blockchain è la immutabilità dei dati. Una volta che una transazione viene registrata su una blockchain, diventa praticamente impossibile modificarla o cancellarla, grazie all'uso di algoritmi crittografici e alla struttura stessa della catena di blocchi. Ogni blocco è collegato al blocco precedente tramite un hash crittografico che garantisce l'integrità dei dati registrati. Se qualcuno tenta di alterare una transazione, l'intera catena viene interrotta, rendendo immediatamente evidente l'alterazione. Questo garantisce la sicurezza e l'integrità delle transazioni digitali, poiché gli utenti possono essere certi che i dati registrati sulla blockchain non possono essere modificati in modo retroattivo.

La trasparenza della blockchain è un ulteriore elemento che migliora la sicurezza delle transazioni digitali. In una blockchain pubblica, tutte le transazioni sono visibili a tutti i partecipanti della rete, il che rende molto più difficile nascondere attività fraudolente. Sebbene le identità degli utenti siano generalmente pseudonimizzate o crittografate, la trasparenza del registro pubblico garantisce che tutte le transazioni possano essere tracciate e verificate da chiunque. Questo aumenta la fiducia nel sistema, poiché gli utenti possono controllare autonomamente l'integrità delle transazioni e verificare che non vi siano stati tentativi di frode o manipolazione.

Anche l'uso di smart contract migliora la sicurezza delle transazioni digitali. Gli smart contract sono programmi auto-eseguibili registrati su una blockchain che si attivano automaticamente al verificarsi di determinate condizioni. Si tratta di contratti digitali sicuri e immutabili, che non richiedono l'intervento di intermediari per essere eseguiti. Gli smart contract possono garantire che le transazioni avvengano solo quando tutte le condizioni specificate nel contratto sono soddisfatte, riducendo il rischio di frodi o errori umani. Inoltre, essendo eseguiti in un ambiente decentralizzato, offrono un alto livello di sicurezza, poiché non possono essere modificati o manipolati dopo la loro creazione.

La resistenza agli attacchi DDoS è un altro vantaggio che la blockchain offre rispetto ai sistemi centralizzati. Poiché la blockchain opera su una rete distribuita, non esiste un singolo punto di fallimento che possa essere colpito da attacchi DDoS, che mirano a sovraccaricare un server con un numero eccessivo di richieste. In una rete blockchain, anche se un nodo venisse attaccato o compromesso, gli altri nodi continuerebbero a funzionare normalmente, garantendo che le transazioni possano proseguire senza interruzioni, una caratteristica che aumenta notevolmente la sicurezza e la resilienza delle transazioni digitali contro questa tipologia di attacchi.

La protezione delle identità è un altro settore in cui la blockchain può migliorare significativamente la sicurezza delle transazioni digitali. La blockchain consente di utilizzare tecniche di pseudonimizzazione o crittografia per proteggere l'identità degli utenti durante le transazioni, riducendo il rischio di furti di identità o di accessi non autorizzati ai dati personali. Questo è particolarmente importante in settori come quello finanziario o medico, dove la protezione della privacy degli utenti è fondamentale. Infine, la blockchain può migliorare la sicurezza delle transazioni digitali riducendo la dipendenza dagli intermediari. Nei sistemi tradizionali le transazioni spesso richiedono la presenza di terze parti fidate, come banche o istituti finanziari, che verificano e garantiscono la validità delle transazioni. Tuttavia, questi intermediari rappresentano anche punti di vulnerabilità, poiché possono essere bersagli di attacchi informatici o frodi interne. La blockchain elimina la necessità di questi intermediari, poiché le transazioni sono validate direttamente dalla rete decentralizzata e dai meccanismi di consenso. Ciò non solo riduce i costi associati agli intermediari, ma elimina anche potenziali punti deboli nella sicurezza delle transazioni.

Quali sono le sfide della sicurezza informatica nei dispositivi medici connessi?

I dispositivi medici connessi, come pacemaker, pompe di infusione, dispositivi di monitoraggio remoto e altre tecnologie indossabili, hanno rivoluzionato il settore sanitario, offrendo nuovi strumenti per la gestione e il trattamento dei pazienti. Tuttavia, questi dispositivi introducono una serie di sfide legate alla sicurezza informatica, poiché trattano dati estremamente sensibili e interagiscono direttamente con la salute e la vita delle persone. La connessione di questi dispositivi alle reti informatiche, agli ospedali o ai dispositivi personali espone a rischi significativi, rendendo la sicurezza informatica una priorità essenziale nel settore sanitario.

Una delle principali questioni da presidiare riguarda la protezione dei dati personali e sensibili. I dispositivi medici connessi raccolgono e trasmettono informazioni personali e mediche dei pazienti, come dati biometrici, cronologia medica e dettagli sui trattamenti in corso. Si tratta di informazioni preziose per i cybercriminali, perché possono essere utilizzate per frodi, estorsioni o vendita sul dark web. Garantire che i dati trasmessi da questi dispositivi siano protetti da accessi non autorizzati attraverso l'uso della crittografia e di protocolli di comunicazione sicuri è fondamentale per prevenire violazioni della privacy.

Un'altra sfida critica è la sicurezza del dispositivo stesso. Molti dispositivi medici connessi sono progettati per funzionare per lunghi periodi di tempo, spesso senza aggiornamenti regolari o patch di sicurezza. Questo li rende vulnerabili a exploit noti o a nuove minacce che emergono nel corso della loro vita utile. I produttori di dispositivi medici spesso non hanno dato priorità alla sicurezza informatica nella progettazione, concentrandosi maggiormente sulle prestazioni cliniche e sulla facilità d'uso. La mancanza di aggiornamenti e misure di sicurezza adeguate può rendere un dispositivo vulnerabile a compromissioni, mettendo a rischio la sicurezza dei pazienti.

La complessità delle reti ospedaliere rappresenta un ulteriore problema per la sicurezza informatica dei dispositivi medici connessi. Le infrastrutture sanitarie moderne utilizzano una vasta gamma di dispositivi e sistemi interconnessi che comunicano tra loro su reti spesso complesse e frammentate. Un dispositivo medico connesso che non è sufficientemente protetto può servire come punto di ingresso per un attaccante e aprire la strada alla compromissione dell'intera rete ospedaliera. Le reti ospedaliere sono particolarmente vulnerabili agli attacchi ransomware in cui i criminali informatici criptano i dati o bloccano l'accesso ai sistemi medici finché non viene pagato un riscatto. Un dispositivo medico connesso potrebbe essere sfruttato per facilitare un attacco di questo tipo.

Un'ulteriore sfida da non sottovalutare è la gestione delle autorizzazioni e degli accessi. Molti dispositivi medici connessi richiedono che diverse persone, tra cui operatori sanitari, pazienti e tecnici di manutenzione, abbiano accesso al dispositivo per monitorare e gestire le sue funzionalità. Garantire che solo persone autorizzate abbiano accesso ai dati o alle funzioni critiche del dispositivo è essenziale per prevenire accessi non autorizzati. Un sistema di autenticazione inadeguato o l'uso di credenziali deboli può consentire a persone malintenzionate di accedere al dispositivo e manipolarlo, con potenziali rischi per la salute dei pazienti.

La sicurezza fisica dei dispositivi medici connessi, soprattutto quelli indossabili o impiantabili, in costante contatto con i pazienti, è un'altra priorità che richiede la prevenzione di potenziali manipolazioni o accessi fisici non autorizzati. Ad esempio, un attaccante potrebbe tentare di manomettere un dispositivo medico per alterare le sue funzionalità o disabilitarlo completamente. Garantire che i dispositivi siano progettati in modo da essere fisicamente sicuri e resistenti alla manomissione è fondamentale per prevenire questo tipo di minacce.

C'è anche da considerare la compatibilità e l'interoperabilità tra i vari dispositivi medici connessi. Spesso i dispositivi provengono da diversi produttori e devono essere integrati in un unico sistema sanitario. Le differenze nei protocolli di sicurezza o nelle soluzioni software adottate possono creare vulnerabilità. Se un dispositivo non segue gli stessi standard di sicurezza di altri dispositivi all'interno dello stesso ecosistema, potrebbe diventare il punto debole attraverso cui un attaccante può entrare nella rete. L'adozione di standard comuni e interoperabili per la sicurezza informatica in ambito sanitario è essenziale per ridurre il rischio di compromissioni. In Europa il regolamento sulla protezione dei dati impone standard rigorosi per la protezione dei dati personali, che si applicano anche ai dati trattati dai dispositivi medici. Tuttavia, le normative specifiche sulla sicurezza informatica dei dispositivi medici sono ancora in fase di sviluppo. È essenziale che i produttori di dispositivi e le strutture sanitarie rispettino le normative esistenti e si preparino a conformarsi a eventuali nuove regole, come la Direttiva NIS2, che include requisiti anche per la sicurezza delle infrastrutture sanitarie.

Come si può garantire la sicurezza delle reti 5G?

Le reti 5G rappresentano una delle innovazioni più significative nel campo delle telecomunicazioni, poiché offrono velocità di connessione molto più elevate, minore latenza e una maggiore capacità di supportare dispositivi connessi rispetto alle generazioni precedenti. Ciò non toglie che l'introduzione delle reti 5G comporti nuove sfide per la sicurezza, dovute alla complessità architetturale, all'uso massiccio di software e alla connessione di un numero sempre maggiore di dispositivi, inclusi quelli critici come i dispositivi medici, i veicoli autonomi e le infrastrutture industriali. Garantire la sicurezza delle reti 5G è quindi fondamentale per evitare rischi che potrebbero compromettere sia la privacy degli utenti sia la stabilità delle infrastrutture.

Uno dei primi passi per garantire la sicurezza delle reti 5G è l'implementazione di misure di sicurezza integrate a livello di progettazione e infrastruttura. La sicurezza deve essere considerata già dalle prime fasi della progettazione della rete, applicando il principio di "security by design". Questo significa integrare le tecnologie di sicurezza direttamente nell'infrastruttura, assicurando che ogni componente della rete, dal software all'hardware, sia protetto contro le minacce informatiche. Ad esempio, la crittografia avanzata deve essere utilizzata per proteggere i dati trasmessi attraverso la rete e i dispositivi connessi devono supportare protocolli di autenticazione robusti per prevenire accessi non autorizzati.

La segmentazione è un'altra misura che tende a migliorare

la sicurezza delle reti 5G. Le reti utilizzano una struttura "virtualizzata" che permette di suddividerla in segmenti o "slice", ciascuno dei quali può essere isolato e configurato in modo diverso a seconda delle esigenze di sicurezza e delle applicazioni supportate. Questo approccio permette di proteggere meglio i dispositivi e i dati in base al loro livello di rischio. Ad esempio, le reti che supportano infrastrutture critiche, come i servizi sanitari o energetici, possono essere separate dalle reti che supportano applicazioni meno sensibili, riducendo così l'esposizione ai rischi di sicurezza e garantendo che un eventuale attacco su un segmento non comprometta l'intera rete.

L'uso della virtualizzazione delle funzioni di rete (NFV) e delle reti software-defined (SDN) nelle reti 5G comporta vantaggi significativi in termini di flessibilità e scalabilità, ma introduce anche sfide per la sicurezza. Queste tecnologie permettono di gestire e controllare dinamicamente la rete attraverso il software, eliminando molte delle barriere hardware tradizionali. Tuttavia, ciò significa che una vulnerabilità nel software di gestione della rete potrebbe esporre l'intera rete a dei rischi. Per mitigarli, è necessario implementare soluzioni di sicurezza avanzate, come firewall virtualizzati, sistemi di rilevamento delle intrusioni e meccanismi di segmentazione automatica, che consentano di proteggere i flussi di dati e di rilevare anomalie in tempo reale.

Un altro aspetto fondamentale per garantire la sicurezza delle reti 5G è la protezione contro gli attacchi a livello di dispositivo. Con l'espansione dell'Internet of Things e la crescente connettività dei dispositivi mobili, la superficie d'attacco delle reti 5G è notevolmente aumentata. È quindi essenziale garantire che tutti i dispositivi connessi rispettino standard di sicurezza elevati, utilizzando meccanismi di autenticazione sicuri, crittografia e protezione contro i malware. I produttori di dispositivi sono tenuti a implementare aggiornamenti regolari per correggere eventuali vulnerabilità e garantire che i dispositivi possano essere gestiti in modo sicuro all'interno della rete.

La collaborazione tra fornitori di servizi e autorità pubbliche è altrettanto fondamentale per garantire la sicurezza delle reti 5G. Queste ultime rappresentano un'infrastruttura critica per la quale la cooperazione tra governi e operatori di telecomunicazioni risulta essenziale affinché siano definiti standard di sicurezza chiari e siano scambiate informazioni sulle minacce emergenti. Tutto ciò è ovviamente arduo, se non impossibile, nel contesto di tensioni globali che vedono Stati e loro organizzazioni impegnati in azioni di guerra ibrida in cui le infrastrutture di rete possono diventare sia un bersaglio sia una vera e propria arma per colpire l'avversario.

Ecco perché in Europa la Direttiva NIS2 richiede che gli operatori di infrastrutture critiche, inclusi i fornitori di servizi 5G, adottino misure di sicurezza rigorose e partecipino alla condivisione di informazioni sulle minacce informatiche.

Quali sono le migliori pratiche per la gestione delle vulnerabilità nei software forniti come servizi?

La gestione delle vulnerabilità nei software forniti come servizi (Software as a Service, SaaS) è essenziale per garantire la sicurezza delle applicazioni e proteggere i dati degli utenti da potenziali minacce informatiche. Poiché i modelli SaaS comportano la distribuzione di software tramite cloud, le vulnerabilità nei servizi possono avere impatti di vasta portata e colpire un'ampia gamma di utenti contemporaneamente.

La prima pratica essenziale è l'identificazione e la gestione delle vulnerabilità. Le organizzazioni che forniscono SaaS devono implementare un processo continuo per la scansione delle vulnerabilità nei loro software. Questo include l'uso di strumenti di sicurezza automatizzati per l'analisi del codice sorgente, così come la valutazione delle configurazioni e delle dipendenze utilizzate all'interno del software. Il monitoraggio costante consente di identificare tempestivamente nuove vulnerabilità prima che possano essere sfruttate dai cybercriminali. L'adozione di programmi di bug bounty, in cui gli esperti di sicurezza esterni vengono incentivati a scoprire falle nel sistema, rappresenta un'altra strategia efficace per identificare le vulnerabilità non rilevate.

Un'altra pratica chiave è la rapida applicazione delle patch di sicurezza. Una volta che una vulnerabilità viene individuata, è fondamentale sviluppare e distribuire rapidamente le patch di sicurezza per correggerla. Nel contesto dei servizi SaaS, l'aggiornamento del software può avvenire in tempo reale, riducendo significativamente i rischi legati a vulnerabilità persistenti. Le organizzazioni devono garantire che i processi di gestione delle patch siano ben definiti e automatizzati, per evitare ritardi nell'implementazione delle soluzioni di sicurezza. Inoltre, è essenziale fornire ai clienti notifiche tempestive su eventuali vulnerabilità scoperte e sulle azioni correttive intraprese, così da migliorare la trasparenza e la fiducia nel servizio.

La sicurezza delle dipendenze è un'altra area critica da considerare nella gestione delle vulnerabilità nei software SaaS. Poiché molte applicazioni SaaS utilizzano componenti software open-source o librerie di terze parti, è fondamentale monitorare continuamente le dipendenze per garantire che non siano presenti vulnerabilità conosciute. Le aziende devono implementare strumenti di gestione delle dipendenze che identifichino automaticamente le versioni vulnerabili delle librerie e forniscano avvisi sugli aggiornamenti disponibili. La pratica di evitare dipendenze non essenziali e limitare l'integrazione di pacchetti di terze parti può ridurre il numero di punti di vulnerabilità potenziali.

Un'importante pratica è quella della gestione del ciclo di vita della sicurezza del software (Secure Software Development Lifecycle, SSDLC). L'integrazione delle pratiche di sicurezza nel ciclo di vita dello sviluppo software garantisce che la sicurezza sia presa in considerazione in ogni fase dello sviluppo di un'applicazione SaaS. Ne discende l'adozione di metodologie di sviluppo sicure, come il coding sicuro, la revisione del codice, i test di penetrazione e la validazione delle vulnerabilità durante le fasi di progettazione, sviluppo e implementazione del software. L'SSDLC aiuta a prevenire l'introduzione di vulnerabilità durante il processo di sviluppo e fa in modo che le applicazioni siano costruite con la sicurezza come priorità.

Anche la segmentazione e la separazione dei dati sono essenziali per la gestione delle vulnerabilità nei software SaaS. Poiché i servizi SaaS spesso ospitano i dati di numerosi clienti sulla stessa infrastruttura, è fondamentale garantire che i dati di ciascun cliente siano correttamente isolati e separati. La segmentazione può avvenire attraverso l'uso di containerizzazione o di ambienti di virtualizzazione sicuri, garantendo che una vulnerabilità in un'istanza di servizio non possa essere sfruttata per accedere ai dati di altri clienti. Questo tipo di approccio limita il potenziale impatto di un attacco e protegge la privacy dei dati.

La formazione del personale è un elemento altrettanto importante nella gestione delle vulnerabilità. I team di sviluppo e di gestione delle infrastrutture devono essere formati sulle migliori pratiche di sicurezza e sulle tecniche più recenti per rilevare e rispondere alle vulnerabilità. La formazione continua del personale sulle minacce emergenti e sugli strumenti di sicurezza aiuta a garantire che le organizzazioni SaaS siano sempre preparate a gestire nuove vulnerabilità in modo efficace. Inoltre, l'adozione di una cultura della sicurezza in tutta l'organizzazione incoraggia una maggiore attenzione alla protezione dei dati e alla gestione delle vulnerabilità.

Va anche evidenziato che una delle pratiche migliori per la gestione delle vulnerabilità nei software SaaS coincide con l'implementazione di strumenti di monitoraggio e rilevamento delle minacce. L'uso di soluzioni di monitoraggio in tempo reale e di intelligenza artificiale può aiutare a rilevare comportamenti anomali o attività sospette nei sistemi SaaS. Questi strumenti possono identificare potenziali vulnerabilità e attacchi in corso, consentendo ai team di sicurezza di rispondere rapidamente e di mitigare eventuali rischi. La combinazione di strumenti di rilevamento delle minacce con sistemi di risposta automatica agli incidenti migliora la capacità di prevenire o di limitare i danni derivanti dallo sfruttamento di vulnerabilità.

4. SICUREZZA FISICA DEI LAVORATORI

Come le nuove tecnologie possono migliorare la sicurezza fisica dei lavoratori nell'industria manifatturiera?

Le nuove tecnologie offrono numerose opportunità per migliorare la sicurezza fisica dei lavoratori nell'industria manifatturiera, un settore storicamente caratterizzato da ambienti di lavoro potenzialmente pericolosi. Dall'automazione alla robotica avanzata, fino all'uso di sensori e tecnologie indossabili, le innovazioni tecnologiche stanno contribuendo a creare ambienti di lavoro più sicuri, riducendo il rischio di incidenti, migliorando il monitoraggio delle condizioni fisiche dei lavoratori e ottimizzando i processi di gestione della sicurezza.

Uno dei principali strumenti tecnologici che sta rivoluzionando la sicurezza nel settore manifatturiero è l'uso della robotica collaborativa, o cobot. I cobot sono robot progettati per lavorare fianco a fianco con gli esseri umani, in grado di assistere i lavoratori nelle attività più ripetitive, pesanti o pericolose. Grazie a sensori avanzati e algoritmi di intelligenza artificiale, i cobot possono percepire la presenza dei lavoratori e interrompere immediatamente le loro attività in caso di rischio, riducendo drasticamente il numero di incidenti causati dal contatto accidentale con macchine in movimento. La capacità dei cobot di svolgere compiti fisicamente gravosi aiuta inoltre a prevenire infortuni muscoloscheletrici, uno dei problemi più comuni nel settore manifatturiero.

Un altro contributo significativo alla sicurezza dei lavoratori proviene dalle tecnologie indossabili (wearable), come i caschi e i giubbotti intelligenti. Questi dispositivi possono essere dotati di sensori capaci di monitorare le condizioni fisiche dei lavoratori in tempo reale, come la frequenza cardiaca, la temperatura corporea e i livelli di affaticamento. Attraverso l'analisi dei dati raccolti, è possibile individuare segnali di stress fisico o affaticamento prima che diventino un pericolo per la salute del lavoratore. In caso di anomalie, i dispositivi indossabili possono inviare notifiche al supervisore o al sistema centrale, attivando misure preventive come pause obbligatorie o l'intervento medico.

Le soluzioni basate sull'Internet of Things stanno anche rivoluzionando la sicurezza fisica nell'industria manifatturiera. L'IoT consente infatti di creare reti di dispositivi interconnessi che monitorano e controllano costantemente l'ambiente di lavoro. Ad esempio, sensori distribuiti lungo una linea di produzione possono rilevare la presenza di sostanze chimiche pericolose, gas nocivi o temperature anomale, avvisando immediatamente i lavoratori e il personale responsabile della sicurezza. Questo tipo di monitoraggio continuo e automatizzato riduce la necessità di ispezioni manuali, spesso pericolose, e permette di rispondere rapidamente a eventuali situazioni di emergenza, minimizzando i rischi per la sicurezza dei lavoratori.

Un altro importante sviluppo tecnologico riguarda l'uso di realtà aumentata (AR) e realtà virtuale (VR) per la formazione e la prevenzione degli incidenti. Attraverso simulazioni realistiche, i lavoratori possono essere formati su come gestire situazioni di emergenza o su come operare in ambienti ad alto rischio senza essere esposti a pericoli. La VR consente ai lavoratori di esercitarsi in scenari di lavoro critici, come la manutenzione di macchinari pesanti o l'evacuazione in caso di incendio, mentre l'AR può fornire istruzioni visive in tempo reale direttamente sul campo, ad esempio durante il controllo o la riparazione di un dispositivo complesso. Questa formazione immersiva aiuta i lavoratori a comprendere meglio le procedure di sicurezza e ad affrontare con maggiore sicurezza le situazioni che si verificano nel mondo reale.

Inoltre, le tecnologie di intelligenza artificiale, in particolare gli algoritmi di machine learning, vengono utilizzate per migliorare la sicurezza dei lavoratori attraverso l'analisi predittiva. Questi sistemi analizzano i dati storici sugli incidenti e sui rischi presenti in fabbrica per identificare modelli e tendenze che potrebbero indicare potenziali rischi futuri. Ad esempio, l'IA può prevedere quando una macchina è più probabile che si guasti in base ai dati di manutenzione e di utilizzo, così da programmare interventi di manutenzione preventiva. In questo modo si riduce il rischio di guasti improvvisi che potrebbero causare incidenti o danni ai lavoratori.

Infine, un ambito in cui le nuove tecnologie stanno migliorando la sicurezza fisica dei lavoratori è rappresentato dai droni. Nell'industria manifatturiera, i droni vengono utilizzati per ispezionare aree difficili da raggiungere o pericolose, come strutture elevate o ambienti confinati. I droni possono raccogliere immagini e dati dettagliati senza esporre i lavoratori a rischi, oltre a fornire informazioni in tempo reale al personale di sicurezza.

Quali sono i requisiti di sicurezza per le macchine secondo la direttiva 2006/42/CE e cosa cambia con l'entrata in vigore del Regolamento (UE) 2023/1230?

La Direttiva 2006/42/CE, conosciuta anche come "Direttiva Macchine", identifica il quadro normativo principale dell'Unione europea con cui garantire la sicurezza delle macchine nel mercato unico europeo. La direttiva stabilisce i requisiti essenziali di sicurezza e di tutela della salute che devono essere rispettati durante la progettazione, la fabbricazione e l'utilizzo delle macchine. Con l'entrata in vigore del Regolamento (UE) 2023/1230 a gennaio 2027, che sostituisce la direttiva, ci sono importanti aggiornamenti e cambiamenti volti a modernizzare e rafforzare la normativa in linea con l'evoluzione tecnologica.

Secondo la Direttiva 2006/42/CE, le macchine devono essere

progettate e costruite in modo da garantire che siano sicure per l'uso previsto e che non rappresentino pericoli per la salute e la sicurezza delle persone durante installazione, funzionamento, pulizia, manutenzione e smontaggio. I principali requisiti di sicurezza riguardano diversi aspetti, tra cui:

Requisiti generali di sicurezza e tutela della salute
Le macchine devono essere progettate in modo da prevenire rischi per la sicurezza, come il rischio di intrappolamento, lesioni dovute a parti in movimento, scosse elettriche, esposizione a sostanze pericolose o rumori eccessivi. Devono essere previste misure di protezione e barriere per evitare il contatto accidentale con componenti pericolosi.

Controlli di emergenza
La direttiva richiede che le macchine siano dotate di dispositivi di emergenza facilmente accessibili, come pulsanti di arresto, che permettano di interrompere rapidamente il funzionamento della macchina in caso di pericolo imminente. Inoltre, le macchine devono essere in grado di segnalare visivamente o acusticamente qualsiasi condizione anomala o pericolosa.

Ergonomia e facilità d'uso
Le macchine devono essere progettate tenendo conto dei principi ergonomici, per ridurre il più possibile il rischio di infortuni dovuti a errori umani. Devono essere fornite di interfacce di controllo intuitive e facilmente comprensibili, in modo che gli operatori possano utilizzarle senza difficoltà o confusione.

La Direttiva 2006/42/CE richiede che il fabbricante fornisca una documentazione tecnica completa, che includa manuali di istruzioni, schemi di funzionamento e informazioni sulla manutenzione. Le macchine devono essere marcate con la certificazione CE, che attesta la conformità ai requisiti di sicurezza e salute stabiliti dalla direttiva. Il produttore è responsabile della valutazione della conformità della macchina prima dell'immissione sul mercato.

Con l'entrata in vigore del Regolamento (UE) 2023/1230, vi

sono alcune modifiche significative che aggiornano il quadro normativo, introducendo nuove misure per affrontare le sfide della digitalizzazione e delle tecnologie emergenti come l'intelligenza artificiale e l'automazione avanzata.

Tra le principali novità, si possono evidenziare:

Introduzione di requisiti per la sicurezza cibernetica

Uno dei cambiamenti più rilevanti del Regolamento 2023/1230 riguarda l'inclusione della sicurezza informatica. Con l'aumento delle macchine connesse e dei sistemi di controllo digitale, il nuovo regolamento richiede che le macchine siano protette da rischi legati alla sicurezza cibernetica. Questo include misure per prevenire l'accesso non autorizzato ai sistemi di controllo delle macchine, così come la protezione da attacchi informatici che potrebbero compromettere il funzionamento sicuro delle macchine stesse.

Nuovi requisiti per le macchine autonome e basate su intelligenza artificiale

Il regolamento introduce specifiche norme per le macchine che integrano tecnologie avanzate come l'intelligenza artificiale o che operano in modo autonomo. Queste macchine devono essere progettate per garantire che i loro algoritmi di controllo siano sicuri e non introducano rischi imprevisti per la salute e la sicurezza. Inoltre, i produttori devono assicurarsi che tali macchine siano in grado di rilevare e rispondere a condizioni di emergenza senza che sia necessario l'intervento umano.

Adozione di standard armonizzati più avanzati

Il regolamento incoraggia l'adozione di standard tecnici armonizzati più avanzati, in linea con le nuove tecnologie e con le migliori pratiche per la progettazione delle macchine. Questo include la promozione di standard per la connettività sicura, l'integrazione dei sistemi di automazione e la gestione sicura delle interfacce uomo-macchina.

Maggiore enfasi sulla responsabilità dei fabbricanti e degli operatori economici

Il nuovo regolamento rafforza i requisiti per i produttori, i distributori e gli importatori, imponendo loro di garantire non solo la conformità delle macchine, ma anche di monitorare continuamente le prestazioni di sicurezza delle macchine una volta immesse sul mercato. Questo include l'obbligo di segnalare immediatamente eventuali incidenti legati a problemi di sicurezza e di aggiornare le macchine, se necessario, per risolvere eventuali vulnerabilità.

Miglioramento della trasparenza e della tracciabilità
Il regolamento introduce nuove misure per migliorare la trasparenza e la tracciabilità lungo tutta la catena di fornitura. I produttori devono garantire una documentazione più dettagliata e accessibile sulla conformità e sulla sicurezza delle macchine, facilitando così il lavoro delle autorità di controllo e degli utenti finali nella valutazione della sicurezza.

Come si possono utilizzare i sensori intelligenti per prevenire gli incidenti sul lavoro?

I sensori intelligenti rappresentano una delle tecnologie più innovative e promettenti per prevenire gli incidenti sul lavoro, soprattutto in settori industriali ad alto rischio come la manifattura, l'edilizia e il trasporto. Questi sensori, dotati di funzionalità avanzate come il monitoraggio in tempo reale, la raccolta e l'analisi dei dati e la capacità di comunicare con altri dispositivi attraverso reti IoT, permettono di rilevare condizioni di rischio e di intervenire tempestivamente al fine di prevenire incidenti e di garantire la sicurezza dei lavoratori.

Anzitutto, i sensori intelligenti possono essere utilizzati per monitorare l'ambiente di lavoro e rilevare condizioni pericolose prima che si verifichi un incidente. Ad esempio, sensori di temperatura, umidità, pressione e rilevatori di gas possono essere installati in impianti industriali o cantieri per monitorare costantemente l'ambiente e inviare avvisi se vengono rilevate condizioni pericolose, tra cui la presenza di gas tossici, temperature troppo alte o basse o variazioni anomale di pressione. Questi sensori possono attivare allarmi immediati, informando i lavoratori e il personale di sicurezza della necessità di evacuare l'area o di prendere misure di protezione adeguate.

Un altro importante utilizzo dei sensori intelligenti riguarda il monitoraggio delle condizioni fisiche dei lavoratori. I dispositivi indossabili dotati di sensori biometrici, come i braccialetti intelligenti o i giubbotti equipaggiati con sensori, possono monitorare parametri vitali come la frequenza cardiaca, la saturazione di ossigeno nel sangue, la temperatura corporea e la pressione arteriosa. Questi dati possono essere utilizzati per rilevare segni di affaticamento, stress fisico, disidratazione o esposizione ad atmosfere tossiche, tutti fattori che possono aumentare il rischio di incidenti sul lavoro. Se un sensore rileva che un lavoratore ha una frequenza cardiaca troppo alta o sta mostrando segni di affaticamento, il sistema può avvisare il supervisore, suggerendo una pausa prima che la stanchezza possa portare a errori o incidenti.

I sensori intelligenti possono anche migliorare la sicurezza dei macchinari e prevenire incidenti monitorando le condizioni delle attrezzature. Quelli installati su macchine e strumenti possono rilevare anomalie nel loro funzionamento, come vibrazioni eccessive, usura dei componenti o variazioni nella potenza erogata. Dati che possono essere utilizzati per eseguire la manutenzione predittiva, prevenendo i guasti improvvisi che potrebbero causare incidenti gravi. Ad esempio, se un sensore rileva un aumento anomalo delle vibrazioni in una macchina, potrebbe indicare che una parte meccanica si sta deteriorando e deve essere sostituita prima che si verifichi un guasto che potrebbe mettere in pericolo i lavoratori.

Un altro utilizzo efficace dei sensori intelligenti è la rilevazione della prossimità e dei movimenti. Nei settori dove i lavoratori operano in prossimità di macchinari pesanti o veicoli industriali, come gru o carrelli elevatori, i sensori di prossimità possono rilevare la presenza di persone oppure oggetti nelle vicinanze del macchinario e inviare segnali di allerta al conducente o al sistema di controllo. I veicoli industriali possono essere equipaggiati con sistemi di arresto automatico che entrano in funzione quando rilevano persone troppo vicine. Questo tipo di tecnologia può ridurre drasticamente il numero di incidenti legati al contatto di persone con macchinari in movimento.

I sensori intelligenti possono essere impiegati anche per garantire la sicurezza nelle aree confinate o pericolose. I sensori di posizione e movimento possono tracciare la posizione esatta dei lavoratori all'interno di un'area di lavoro e rilevare se una persona si avvicina troppo a un'area pericolosa (un bordo non protetto o una zona ad alto rischio, come quelle in cui vengono maneggiate sostanze chimiche pericolose). In questi casi, il sistema può emettere un avviso acustico o visivo per avvertire il lavoratore del pericolo e, se necessario, inviare un segnale al sistema centrale per bloccare le attività o i macchinari nelle vicinanze.

Le tecnologie di visione artificiale e i sensori basati su intelligenza artificiale sono poi utilizzati per migliorare ulteriormente la sicurezza dei lavoratori. I sistemi di telecamere intelligenti, combinati con algoritmi di IA, possono monitorare costantemente i movimenti dei lavoratori e rilevare comportamenti pericolosi o situazioni di rischio: cadute, scivolamenti o posizioni sbagliate durante l'uso di strumenti pesanti.

Per finire, un ambito in cui i sensori intelligenti stanno trovando applicazione è la gestione delle emergenze. In caso di incidenti, come incendi o esplosioni, i sensori installati in un'area di lavoro possono attivare automaticamente sistemi di allarme e di evacuazione. A ciò va aggiunto che i sensori di localizzazione in tempo reale (RTLS) possono tracciare la posizione esatta dei lavoratori durante un'emergenza, facilitando il lavoro dei soccorritori nel trovare e aiutare rapidamente coloro che potrebbero trovarsi in situazioni pericolose.

Quali sono le implicazioni della robotica avanzata sulla sicurezza dei lavoratori?

Le implicazioni della robotica avanzata sulla sicurezza dei lavoratori sono ampie e complesse. Va detto però che, mentre questa tecnologia offre numerosi vantaggi in termini di efficienza e produttività, introduce anche nuove sfide per la sicurezza sul luogo di lavoro. L'integrazione della robotica avanzata, tra cui cobot, robot autonomi e sistemi automatizzati, sta cambiando radicalmente il modo in cui vengono eseguite molte attività industriali e operative, con un impatto diretto sulla salute e sulla sicurezza dei lavoratori.

Uno dei principali vantaggi della robotica avanzata è la riduzione dell'esposizione ai rischi fisici per i lavoratori. I robot possono essere utilizzati per eseguire compiti pericolosi, pesanti o ripetitivi, riducendo il coinvolgimento umano in operazioni che comportano un elevato rischio di infortuni. Ad esempio, i robot possono essere impiegati in ambienti estremamente caldi, freddi o tossici, come nelle fonderie, nelle centrali chimiche o nelle miniere. In questo modo, i lavoratori vengono protetti da condizioni di lavoro estreme che potrebbero altrimenti provocare malattie o infortuni. La robotica avanzata consente inoltre di sollevare carichi pesanti o di eseguire operazioni di precisione che sarebbero difficili o pericolose per gli esseri umani, riducendo così il rischio di lesioni muscoloscheletriche.

La crescente automazione e la presenza di robot autonomi in ambienti di lavoro sollevano anche nuove sfide, tra cui la sicurezza nelle interazioni uomo-robot. I robot avanzati, in particolare i cobot, sono progettati per lavorare fianco a fianco con gli esseri umani, ma questa stretta interazione può comportare rischi se i sistemi di sicurezza non sono adeguati. Malfunzionamenti nei sensori di prossimità o errori nell'algoritmo di controllo del robot potrebbero portare a collisioni con i lavoratori o a comportamenti imprevisti dei robot, con conseguenti infortuni. Per minimizzare tali rischi, i cobot devono essere equipaggiati con sensori sofisticati in grado di rilevare con precisione la presenza umana e regolare immediatamente la loro velocità o interrompere il funzionamento in caso di pericolo.

Un'altra importante implicazione della robotica avanzata riguarda la necessità di una formazione specializzata per i lavoratori. Sebbene l'introduzione di robot possa ridurre il numero di compiti fisicamente impegnativi per i lavoratori, certamente è richiesta una maggiore competenza tecnica. I lavoratori devono essere formati per interagire in modo sicuro con i robot, comprendere i loro limiti e gestire eventuali emergenze o anomalie. La formazione deve includere non solo le competenze per programmare e mantenere i robot, ma anche le conoscenze necessarie per monitorare il loro funzionamento e per garantire che lavorino in conformità con le normative di sicurezza. Questa transizione richiede un cambiamento significativo nel profilo professionale dei lavoratori, che devono adattarsi a nuovi ruoli e responsabilità in un ambiente di lavoro automatizzato.

La sicurezza cibernetica rappresenta un'ulteriore implicazione significativa nell'uso della robotica avanzata. Con l'aumento dei robot autonomi connessi in rete e dei sistemi di controllo basati su software, cresce anche il rischio di attacchi informatici che potrebbero compromettere la sicurezza dei lavoratori. Un attacco informatico a un sistema robotico potrebbe portare a un malfunzionamento pericoloso, con conseguenze potenzialmente disastrose in ambienti industriali o ad alto rischio. I sistemi robotici devono quindi essere protetti non solo da rischi fisici, ma anche da minacce digitali, attraverso l'implementazione di protocolli di sicurezza informatica come l'autenticazione multifattoriale, la crittografia delle comunicazioni e la segregazione delle reti.

Va anche considerato l'impatto psicologico che l'introduzione della robotica avanzata può avere sui lavoratori. La preoccupazione per la sostituzione dei posti di lavoro è un tema ricorrente nelle discussioni sull'automazione, così come l'integrazione della robotica può generare incertezza e ansia tra i dipendenti. Se da un lato i robot possono migliorare la sicurezza fisica, dall'altro possono creare un ambiente di lavoro in cui le persone si sentono sotto pressione o insicure riguardo al proprio ruolo. È importante quindi che le aziende affrontino questi timori fornendo adeguate informazioni e formazione sui benefici della robotica e sul ruolo che i dipendenti continueranno a svolgere in un ambiente sempre più automatizzato.

Le normative di sicurezza rappresentano poi un elemento centrale nella gestione delle implicazioni della robotica avanzata sulla sicurezza dei lavoratori. Le attuali normative europee, come la Direttiva Macchine, impongono ai produttori e agli utilizzatori di robot di garantire che i dispositivi siano conformi a standard di sicurezza rigorosi. Con l'arrivo di tecnologie avanzate, è probabile che le normative vengano aggiornate per affrontare in modo più dettagliato i rischi specifici legati all'interazione uomo-robot, alla sicurezza cibernetica e all'uso di algoritmi di intelligenza artificiale nei robot industriali. Le aziende devono essere consapevoli di queste normative e garantire la conformità attraverso audit regolari e l'adozione delle migliori pratiche di sicurezza.

In che modo l'Internet of Things può migliorare la sicurezza nei cantieri?

L'Internet of Things sta trasformando in modo significativo la sicurezza nei cantieri, offrendo nuove opportunità per monitorare l'ambiente di lavoro, prevenire incidenti e migliorare la gestione della sicurezza in tempo reale. Nei cantieri, tradizionalmente esposti a numerosi rischi fisici e operativi, l'uso di sensori, dispositivi connessi e piattaforme di analisi dei dati permette di implementare soluzioni intelligenti che non solo riducono i pericoli, ma migliorano anche l'efficienza complessiva delle operazioni.

Un aspetto fondamentale è la rilevazione dei pericoli in tempo reale. Grazie ai sensori IoT, è possibile monitorare costantemente le condizioni ambientali del cantiere, rilevando temperature eccessive, livelli di rumore oltre la soglia di sicurezza, presenza di gas tossici o polveri pericolose. Può anche essere rilevato se un lavoratore si trova in un'area non prevista per le sue mansioni, oppure se non indossa dispositivi di protezione individuali o non sta utilizzando in modo adeguato attrezzature di sicurezza o sistemi destinati a prevenire le cadute dall'alto. I sensori possono essere posizionati in punti strategici del cantiere e, attraverso una rete di comunicazione in tempo reale, inviare avvisi automatici ai responsabili della sicurezza quando vengono rilevati dati anomali. Ad esempio, se un sensore rileva la presenza di gas pericolosi come il monossido di carbonio, un allarme può avvisare immediatamente i lavoratori e i supervisori, consentendo loro di evacuare l'area e di attivare le procedure di sicurezza necessarie.

L'IoT può anche migliorare la sicurezza individuale dei lavoratori attraverso l'uso di dispositivi indossabili intelligenti. Lo abbiamo già ricordato: dispositivi come caschi o giubbotti dotati di sensori possono monitorare costantemente lo stato fisico dei lavoratori, rilevando segni di affaticamento, stress termico, disidratazione o altri problemi che potrebbero compromettere la loro sicurezza. Inoltre, i dispositivi indossabili possono includere funzionalità di geolocalizzazione, che consentono di monitorare la posizione dei lavoratori all'interno del cantiere e di intervenire rapidamente in caso di emergenza. Ad esempio, se un lavoratore si allontana da un'area sicura o entra in una zona pericolosa, il sistema può inviare un avviso al responsabile della sicurezza o al lavoratore stesso, riducendo così il rischio di incidenti.

Un altro importante utilizzo dell'IoT nei cantieri riguarda il monitoraggio dei macchinari e delle attrezzature. Sensori collegati ai macchinari possono monitorare continuamente il loro stato di funzionamento, rilevando anomalie, guasti imminenti o condizioni di utilizzo che potrebbero rappresentare un rischio. La manutenzione cosiddetta "predittiva" consente di eseguire interventi prima che si verifichi un guasto, riducendo il rischio di incidenti causati da malfunzionamenti improvvisi dei macchinari. Inoltre, il monitoraggio in tempo reale delle attrezzature pesanti, come gru o escavatori, può prevenire errori operativi o l'uso improprio, migliorando la sicurezza generale del cantiere.

L'IoT facilita anche una migliore gestione delle emergenze nei cantieri. In caso di incidente o di emergenza, i dispositivi IoT possono essere utilizzati per attivare automaticamente le procedure di evacuazione, inviare notifiche a tutto il personale e coordinare i soccorsi. O, ancora, in caso di crollo o incendio, i sensori possono rilevare immediatamente la situazione e attivare allarmi automatici. Grazie ai dispositivi di localizzazione indossabili, i soccorritori poi possono sapere esattamente dove si trovano i lavoratori e intervenire rapidamente per portarli in salvo. Questo tipo di coordinamento automatizzato migliora notevolmente la reattività alle emergenze e riduce i tempi di intervento, essenziali anche per contenere le conseguenze degli incidenti.

Un altro beneficio significativo dell'IoT nei cantieri è il miglioramento della gestione dell'accesso alle aree critiche. Sensori e dispositivi connessi possono controllare l'accesso a determinate zone del cantiere, autorizzando solo il personale che ha le competenze o le attrezzature necessarie per operare in quelle aree. In un cantiere dove sono presenti materiali pericolosi o dove si svolgono operazioni ad alto rischio, l'IoT può essere utilizzato per verificare l'identità dei lavoratori attraverso badge o dispositivi di identificazione indossabili e consentire l'accesso solo a coloro che hanno superato la formazione richiesta o che dispongono dei dispositivi di protezione individuale (DPI) appropriati. Questo tipo di controllo automatizzato riduce il rischio che persone non autorizzate o non preparate accedano a zone pericolose, migliorando la sicurezza complessiva del cantiere.

Infine, l'IoT può essere utilizzato per migliorare la formazione e la consapevolezza dei lavoratori in materia di sicurezza. Attraverso piattaforme IoT che raccolgono e analizzano i dati relativi alla sicurezza del cantiere, è possibile identificare aree di rischio ricorrenti o comportamenti pericolosi da parte dei lavoratori. Questi dati possono essere utilizzati per adattare e migliorare i programmi di formazione sulla sicurezza, sensibilizzando i lavoratori sui potenziali pericoli e sulle migliori pratiche per evitarli. I dati raccolti possono anche essere utilizzati per creare report dettagliati sugli incidenti o sugli incidenti mancati (near-miss), facilitando l'identificazione delle cause principali e favorendo l'implementazione di misure correttive.

Quali sono le sfide per la sicurezza fisica nei luoghi di lavoro digitalizzati?

I luoghi di lavoro digitalizzati offrono molte opportunità per migliorare l'efficienza e la produttività, ma introducono anche nuove sfide in termini di sicurezza fisica. La digitalizzazione, attraverso tecnologie come l'automazione, l'intelligenza artificiale, l'Internet of Things e la robotica avanzata, modifica profondamente l'ambiente di lavoro e il modo in cui i lavoratori interagiscono con le attrezzature e i sistemi. Di conseguenza, emergono nuove vulnerabilità che richiedono approcci aggiornati per garantire la sicurezza dei lavoratori.

Una delle questioni principali riguarda l'interazione uomo-macchina. L'introduzione di robot autonomi e collaborativi nelle fabbriche, nei magazzini e nei cantieri comporta un'interazione sempre più stretta tra lavoratori e macchinari avanzati. Sebbene i cobot siano progettati per lavorare a fianco degli esseri umani, rimane il rischio di collisioni, errori di programmazione o malfunzionamenti che potrebbero mettere in pericolo le persone. La sicurezza in queste situazioni richiede l'adozione di sistemi di sensori avanzati e tecnologie di rilevamento che interrompano immediatamente le operazioni dei robot in caso di pericolo, oltre a una continua formazione dei lavoratori su come interagire in sicurezza con queste macchine.

Un'altra sfida significativa è la sicurezza cibernetica dei sistemi fisici. Nei luoghi di lavoro digitalizzati, molti dispositivi fisici sono collegati a reti informatiche tramite l'IoT. Questo crea una nuova superficie di attacco per i cybercriminali, che possono prendere di mira i sistemi di controllo dei macchinari o i sensori di sicurezza per causare guasti, interruzioni operative o addirittura incidenti fisici. Un attacco informatico che comprometta il funzionamento di una macchina automatizzata potrebbe causare un guasto pericoloso, mettendo a rischio la vita dei lavoratori. La protezione di questi sistemi richiede una sicurezza informatica robusta, con reti isolate, crittografia dei dati e controlli di accesso rigorosi per garantire che solo il personale autorizzato possa interagire con i sistemi critici.

Le tecnologie indossabili e i dispositivi intelligenti stanno diventando sempre più comuni nei luoghi di lavoro digitalizzati, ma anche queste soluzioni presentano delle sfide. Dispositivi indossabili intelligenti, come caschi o giubbotti dotati di sensori, vengono utilizzati per monitorare la salute e la sicurezza dei lavoratori, rilevando parametri come la frequenza cardiaca, la temperatura corporea o l'esposizione a sostanze pericolose. Tuttavia, questi dispositivi devono funzionare in modo affidabile in condizioni di lavoro difficili e, se mal progettati o se i dati che raccolgono non sono gestiti correttamente, potrebbero fallire proprio quando sono più necessari. Inoltre, la dipendenza dai dati digitali può portare a situazioni in cui i problemi di connettività o i malfunzionamenti dei dispositivi possono compromettere la sicurezza.

La complessità operativa dei sistemi digitalizzati rappresenta un altro aspetto di cui tenere conto. I lavoratori devono essere in grado di gestire e mantenere una varietà di macchinari complessi, il che richiede una formazione approfondita e continua. Errori nell'utilizzo dei sistemi digitali, sia a causa di una scarsa comprensione della tecnologia sia per la mancanza di addestramento adeguato, possono portare a incidenti. Senza dimenticare che la rapidità con cui queste tecnologie avanzate si evolvono può far sì che i lavoratori si trovino a dover imparare rapidamente l'utilizzo di nuovi sistemi, con i rischi di errore conseguenti.

La gestione delle emergenze in un contesto digitalizzato espone inoltre a criticità che dipendono da possibili guasti informatici o dall'interruzione di corrente elettrica, problemi che possono compromettere l'efficacia dei sistemi. Ecco perché le organizzazioni devono garantire piani di emergenza manuali di backup, insieme a un addestramento dei lavoratori che li renda in grado di rispondere anche senza il supporto delle tecnologie digitali.

Non devono essere trascurate, fra l'altro, le implicazioni psicologiche della digitalizzazione sul benessere dei lavoratori. L'aumento dell'automazione e dell'intelligenza artificiale può portare a un cambiamento radicale nei ruoli lavorativi, con un conseguente senso di incertezza o di ansia per la propria condizione occupazionale. Questo tipo di stress psicologico può influire sulla concentrazione e sulle prestazioni, aumentando indirettamente il rischio di incidenti. Per affrontare questa sfida, è importante che le aziende comunichino chiaramente i cambiamenti, offrano supporto e formino i lavoratori affinché si sentano a proprio agio nei nuovi contesti digitali.

Come si possono utilizzare i dati in tempo reale per migliorare la sicurezza dei lavoratori?

L'utilizzo dei dati in tempo reale rappresenta una delle strategie più efficaci per migliorare la sicurezza dei lavoratori nei contesti industriali, edilizi e in altre attività ad alto rischio. Grazie alle tecnologie attuali è possibile monitorare costantemente l'ambiente di lavoro, le condizioni delle attrezzature e lo stato fisico dei lavoratori. L'accesso a dati in tempo reale consente di rilevare tempestivamente situazioni pericolose e di intervenire prima che si verifichino incidenti, migliorando così la prevenzione e la protezione.

Uno dei principali vantaggi dei dati in tempo reale è la capacità di monitorare le condizioni ambientali in modo continuo. Sensori distribuiti possono raccogliere dati su vari parametri critici (temperatura, umidità, qualità dell'aria, livelli di rumore, presenza di gas tossici ecc.). In molti settori, come quello chimico o edilizio, i lavoratori possono essere esposti a condizioni che variano rapidamente e che, se non monitorate, possono mettere a rischio la loro salute. Grazie ai dati in tempo reale, i supervisori possono ricevere avvisi automatici quando i livelli di esposizione a sostanze pericolose superano le soglie di sicurezza in maniera tale da intervenire immediatamente, da evacuare l'area o da attivare sistemi di ventilazione.

I dispositivi indossabili intelligenti sono un altro strumento fondamentale che sfrutta i dati in tempo reale per migliorare la sicurezza dei lavoratori. Dispositivi come braccialetti, caschi o giubbotti con sensori integrati sono in grado di monitorare costantemente i parametri vitali dei lavoratori e la loro interazione con l'ambiente operativo, consentendo di prevenire incidenti legati a problemi fisici che potrebbero compromettere la sicurezza.

I dati in tempo reale possono anche essere utilizzati per monitorare e manutenere le attrezzature e i macchinari. Sensori installati su macchinari pesanti o complessi permettono di rilevare anomalie nel loro funzionamento, come vibrazioni eccessive, usura delle componenti o surriscaldamento. Grazie a queste informazioni, è possibile eseguire interventi di manutenzione predittiva, evitando guasti improvvisi che potrebbero causare incidenti o mettere in pericolo i lavoratori. Se un sensore rileva che un macchinario sta funzionando al di fuori dei parametri di sicurezza, il sistema può attivare un avviso che segnala la necessità di un intervento immediato o di dover arrestare automaticamente il macchinario per evitare danni.

Un altro utilizzo importante dei dati in tempo reale è la gestione del rischio e la prevenzione delle collisioni. Nei cantieri, nelle fabbriche o nei magazzini i lavoratori si trovano spesso a operare vicino a veicoli industriali o macchinari in movimento, come gru o carrelli elevatori. Sensori di prossimità e sistemi di geolocalizzazione possono tracciare i movimenti dei lavoratori e dei macchinari, segnalando automaticamente situazioni in cui esiste un rischio di collisione. In questa maniera, i sistemi possono avvisare sia il lavoratore sia l'operatore del macchinario del potenziale pericolo o attivare il blocco automatico se rilevano

una vicinanza eccessiva.
I dati in tempo reale consentono anche di migliorare la gestione delle emergenze. In caso di incidente, i sensori e i dispositivi connessi possono attivare allarmi e inviare informazioni ai responsabili della sicurezza. I dispositivi di localizzazione permettono di tracciare la posizione esatta dei lavoratori all'interno dell'area di lavoro, facilitando le operazioni di soccorso e l'evacuazione. Inoltre, i sistemi di monitoraggio in tempo reale possono raccogliere dati sulle condizioni dell'ambiente circostante, come la diffusione di fumo o la presenza di sostanze tossiche, e fornire queste informazioni ai soccorritori, permettendo loro di intervenire in modo più efficace e sicuro, e facilitando le decisioni sulle priorità degli interventi necessari.

Quali sono i requisiti di sicurezza per i dispositivi indossabili utilizzati dai lavoratori?

I dispositivi indossabili utilizzati dai lavoratori rappresentano un'importante innovazione per migliorare la sicurezza nei luoghi di lavoro. Per garantire che questi dispositivi offrano vantaggi reali senza introdurre nuovi rischi, è fondamentale che siano rispettati i requisiti di sicurezza.
Il primo requisito riguarda la protezione dei dati e la privacy. Poiché molti dispositivi indossabili monitorano parametri fisici e ambientali in tempo reale, raccogliendo dati sensibili sui lavoratori, è essenziale che tali dati siano protetti da accessi non autorizzati. Questo include l'uso della crittografia per proteggere i dati trasmessi dal dispositivo ai sistemi di gestione centralizzati, nonché l'adozione di misure di sicurezza per garantire che solo il personale autorizzato possa accedere ai dati raccolti. In Europa, i dispositivi indossabili devono essere conformi al regolamento europeo sulla protezione dei dati personali.
Un altro requisito importante è la robustezza e la durabilità del dispositivo. I dispositivi indossabili devono essere progettati

per resistere alle condizioni difficili di molti ambienti di lavoro, come temperature estreme, esposizione a polveri, vibrazioni o sostanze chimiche. Devono essere costruiti pertanto con materiali resistenti che non si degradino facilmente e che non rappresentino essi stessi un rischio per la sicurezza del lavoratore. Un giubbotto intelligente utilizzato in un cantiere edile ad esempio deve essere in grado di resistere all'usura quotidiana senza rompersi o perdere funzionalità.

La conformità agli standard di sicurezza e alle normative è un altro requisito essenziale per i dispositivi indossabili. Questi dispositivi devono rispettare le normative locali, nazionali e internazionali in materia di sicurezza sul lavoro. In Europa, dispositivi di protezione individuale come caschi, giubbotti e scarpe di sicurezza devono essere conformi alla Direttiva 89/686/CEE e al Regolamento (UE) 2016/425 che stabiliscono i requisiti minimi per la progettazione, la fabbricazione e l'uso dei DPI. I dispositivi indossabili dotati di funzionalità tecnologiche devono inoltre rispettare gli standard specifici per l'elettronica e i dispositivi IoT previsti dalle normative sulla compatibilità elettromagnetica e la sicurezza elettrica.

Un altro aspetto chiave è l'ergonomia e il comfort del dispositivo indossabile. Poiché i lavoratori devono indossare questi dispositivi per lunghi periodi di tempo, è fondamentale che siano progettati in modo ergonomico e che non interferiscano con le attività lavorative quotidiane. Un dispositivo troppo pesante, ingombrante o scomodo potrebbe distrarre il lavoratore o limitare i suoi movimenti, aumentando il rischio di incidenti. I produttori devono assicurarsi che i dispositivi siano leggeri, facili da indossare e capaci di adattarsi al corpo, affinché non compromettano la mobilità o il comfort del lavoratore.

La sicurezza funzionale del dispositivo è un altro requisito essenziale. I dispositivi indossabili devono essere progettati in modo da essere affidabile e da evitare malfunzionamenti che possano mettere in pericolo il lavoratore. Ad esempio, un casco intelligente che monitora l'esposizione a gas nocivi deve essere in grado di avvisare il lavoratore tempestivamente in caso di pericolo. In ambienti critici, dove la sicurezza dipende dal corretto funzionamento del dispositivo, è essenziale che i dispositivi siano dotati di funzioni di autodiagnosi e di allarmi in caso di guasto. Per questo devono essere sottoposti a test rigorosi che ne verifichino l'affidabilità in condizioni di lavoro reali.

Un altro importante requisito riguarda la facilità d'uso e l'intuitività dell'interfaccia. I dispositivi indossabili devono essere semplici da usare e non richiedere una formazione complessa. L'interfaccia utente deve essere perciò progettata in modo da fornire informazioni chiare e facilmente comprensibili, così da evitare sovraccarichi cognitivi per il lavoratore. Questo significa che, se un dispositivo indossabile emette avvisi di sicurezza, questi devono essere facilmente riconoscibili e comprensibili dal lavoratore, anche in situazioni di stress o di emergenza.

I dispositivi indossabili utilizzati dai lavoratori devono anche essere facilmente manutenibili e aggiornabili, soprattutto se dotati di software o se connessi a reti IoT. I produttori devono fornire aggiornamenti regolari per correggere eventuali vulnerabilità di sicurezza o migliorare le funzionalità. A tale scopo devono essere previsti controlli periodici per garantire che i dispositivi funzionino correttamente e che siano ancora conformi agli standard di sicurezza. Anche la facilità di manutenzione è parte determinante delle misure per garantire la longevità e l'efficacia del dispositivo.

Non va trascurata, infine, la compatibilità con altri sistemi di sicurezza e gestione, un altro requisito importante per i dispositivi indossabili. Poiché molti dispositivi sono collegati a piattaforme di gestione della sicurezza centralizzate o a reti aziendali, è fondamentale che siano compatibili con gli altri sistemi utilizzati in azienda, come i software di gestione delle emergenze, i sistemi di controllo degli accessi o i dispositivi di monitoraggio ambientale. La capacità di integrare i dati raccolti dai dispositivi indossabili con altri strumenti di sicurezza permette una visione completa delle condizioni di lavoro e facilita una gestione proattiva della sicurezza.

In che modo le tecnologie di realtà aumentata possono contribuire alla formazione per la sicurezza sul lavoro?

Le tecnologie di realtà aumentata (AR) stanno emergendo come strumenti potenti per la formazione sulla sicurezza sul lavoro, poiché offrono un modo immersivo e interattivo per apprendere e praticare le misure di sicurezza in ambienti controllati e simulati. A differenza dei metodi tradizionali di formazione, che spesso si basano su manuali, video o lezioni frontali, l'AR permette ai lavoratori di interagire con simulazioni realistiche del loro ambiente di lavoro, consentendo di sviluppare competenze pratiche e una maggiore consapevolezza dei rischi in modo sicuro ed efficace.

Uno dei principali vantaggi dell'AR è la possibilità di simulare scenari di rischio realistici, che permettono ai lavoratori di comprendere meglio i pericoli associati al loro lavoro e di imparare a rispondere correttamente in caso di emergenza. Attraverso l'uso di visori o dispositivi mobili, i lavoratori possono visualizzare situazioni pericolose, come perdite di gas, incendi, crolli o guasti meccanici, e apprendere le procedure di sicurezza in un ambiente sicuro e privo di rischi reali. Ad esempio, un lavoratore edile potrebbe utilizzare la realtà aumentata per simulare un'operazione su un ponteggio instabile, imparando come stabilizzarlo e come adottare le giuste misure di protezione personale.

Un altro vantaggio significativo della realtà aumentata è la possibilità di fornire istruzioni in tempo reale durante le operazioni lavorative, migliorando così la consapevolezza della sicurezza. Ad esempio, un lavoratore che indossa occhiali AR potrebbe ricevere suggerimenti e avvisi sovrapposti direttamente al suo campo visivo da cui ottenere indicazioni sulle procedure corrette da seguire o sui potenziali pericoli non immediatamente visibili. Questo tipo di supporto in tempo reale può migliorare notevolmente la sicurezza nei lavori ad alto rischio come ad esempio durante l'assemblaggio di macchinari complessi, la manutenzione di impianti industriali o l'uso di attrezzature pesanti. Se a ciò si aggiunge il venir meno della necessità di consultare manuali o istruzioni cartacee nell'esecuzione del lavoro, emerge il vantaggio ulteriore per il lavoratore di potersi concentrare completamente sulle proprie attività senza distrazioni.

Le tecnologie di AR possono anche essere utilizzate per monitorare le prestazioni dei lavoratori in formazione e per fornire un feedback immediato e personalizzato. Ad esempio, durante una simulazione di evacuazione in caso di incendio, il sistema AR potrebbe monitorare i movimenti del lavoratore e valutarne prontezza ed efficacia nel seguire le procedure di sicurezza. Se il lavoratore commette un errore (prendere una via di uscita sbagliata o dimenticare di attivare un allarme antincendio), l'AR potrebbe fornire correzioni in tempo reale, aiutandolo a comprendere meglio il suo errore e a migliorare la sua performance. Questo tipo di formazione interattiva e personalizzata è molto più efficace rispetto ai metodi tradizionali, poiché consente ai lavoratori di apprendere attivamente e di ricevere feedback specifici sulle loro azioni.

Un altro modo in cui l'AR contribuisce alla formazione sulla sicurezza sul lavoro è attraverso la sua capacità di adattare l'apprendimento ai diversi livelli di esperienza. I lavoratori principianti possono iniziare con simulazioni di base, che introducono i concetti fondamentali della sicurezza sul lavoro, mentre i lavoratori più esperti possono affrontare scenari più complessi e specifici per il loro ruolo. Un tecnico della manutenzione, che ha già familiarità con i protocolli di sicurezza, potrebbe utilizzare l'AR per simulare situazioni come ad esempio la riparazione di una macchina in una zona a rischio elevato. In questo caso dovrà prendere in considerazione fattori come la presenza di sostanze chimiche o la gestione di sistemi ad alta pressione. È un approccio modulare che consente di personalizzare la formazione sulla sicurezza in base alle competenze e alle esigenze individuali, migliorando l'efficacia dell'apprendimento.

L'AR può anche facilitare la formazione collaborativa e di squadra in contesti lavorativi complessi. In settori come la logistica o le costruzioni, dove il coordinamento tra i membri del team è fondamentale per garantire la sicurezza, l'AR può essere utilizzata per simulare operazioni collaborative, consentendo ai lavoratori di esercitarsi nel coordinamento delle attività e nella gestione di emergenze in modo virtuale. I membri del team possono essere immersi nello stesso scenario di realtà virtuale o aumentata, interagire tra loro, prendere decisioni congiunte e imparare a lavorare insieme per risolvere situazioni critiche. Questo tipo di formazione migliora la comunicazione e il lavoro di squadra, elementi chiave per prevenire incidenti sul lavoro.

Infine, l'AR può essere utilizzata per fornire formazione continua e aggiornata, che si adatta ai cambiamenti nelle normative di sicurezza o all'introduzione di nuove attrezzature o procedure. Se una nuova macchina viene introdotta in un impianto industriale, i lavoratori possono utilizzare l'AR per apprendere rapidamente come utilizzarla in modo sicuro, visualizzando le istruzioni operative e le misure di sicurezza direttamente sovrapposte alla macchina stessa. In questo modo, la formazione sulla sicurezza diventa un processo continuo, che può essere aggiornato e migliorato facilmente, garantendo che i lavoratori siano sempre a conoscenza delle migliori pratiche e delle ultime normative.

Quali sono le misure di sicurezza per prevenire l'uso improprio delle macchine autonome?

Le macchine autonome stanno diventando sempre più comuni in molti settori nei quali migliorano l'efficienza e riducono il carico di lavoro umano. Tuttavia, l'uso improprio di queste tecnologie può comportare rischi significativi per la sicurezza dei lavoratori e delle infrastrutture. Per prevenire tali rischi, è essenziale implementare misure di sicurezza efficaci che garantiscano il corretto utilizzo delle macchine autonome e riducano la possibilità di incidenti o malfunzionamenti.

Una delle misure di sicurezza più importanti è l'implementazione di sistemi di controllo e monitoraggio avanzati. Le macchine autonome devono essere dotate di sistemi di controllo che monitorano costantemente le loro operazioni e rilevano anomalie o comportamenti sospetti. Questi sistemi possono utilizzare algoritmi di intelligenza artificiale per identificare eventuali errori operativi, guasti meccanici o deviazioni dai parametri normali di funzionamento. Se il sistema rileva un potenziale rischio, può automaticamente interrompere l'operazione della macchina e inviare un avviso ai supervisori. In questo modo, si può evitare che un errore umano o tecnico porti a un uso improprio della macchina e a potenziali incidenti.

Un altro aspetto essenziale è la gestione dell'accesso. Solo il personale qualificato e autorizzato dovrebbe essere in grado di accedere e controllare le macchine autonome. Questo può essere garantito attraverso sistemi di autenticazione robusti, come l'uso di credenziali biometriche, carte di identificazione elettroniche o codici di accesso univoci per ciascun operatore. In questo modo, si limita l'uso delle macchine autonome a coloro che hanno ricevuto la formazione necessaria e che comprendono le procedure di sicurezza richieste per il loro funzionamento. Inoltre, è importante che l'accesso sia tracciato e che si registri chi utilizza la macchina, quando e per quanto tempo, in maniera tale da garantire una supervisione costante e da identificare tempestivamente eventuali usi impropri.

Le macchine autonome devono essere dotate di sensori di sicurezza avanzati che monitorano l'ambiente circostante e rilevano eventuali ostacoli o pericoli. Sensori di prossimità, telecamere a 360 gradi e radar possono essere utilizzati per rilevare la presenza di persone, veicoli o altri oggetti nelle vicinanze della macchina, in modo da ridurre il rischio di collisioni o altri incidenti. Se un sensore rileva un pericolo imminente, il sistema può attivare automaticamente una frenata di emergenza o deviare il percorso della macchina.

Un'altra misura di sicurezza fondamentale è l'implementazione di sistemi di spegnimento d'emergenza (kill switch), che consentono agli operatori di interrompere immediatamente il funzionamento di una macchina autonoma in caso di emergenza o di uso improprio. Lo spegnimento d'emergenza può essere attivato manualmente dall'operatore o automaticamente dal sistema di controllo della macchina in caso di guasto o comportamento anomalo. È essenziale che questi sistemi siano facili da usare e accessibili in ogni momento, in modo che i lavoratori possano intervenire rapidamente in caso di necessità.

La formazione continua dei lavoratori è un altro elemento essenziale per prevenire l'uso improprio delle macchine autonome. Gli operatori devono ricevere una formazione adeguata non solo sull'uso corretto delle macchine, ma anche sui potenziali rischi associati al loro funzionamento e sulle procedure di sicurezza da seguire in caso di emergenza. La formazione deve essere aggiornata regolarmente per tenere conto dei cambiamenti tecnologici e delle nuove normative sulla sicurezza. Inoltre, è importante promuovere una cultura della sicurezza con cui i lavoratori siano incoraggiati a segnalare tempestivamente eventuali problemi o rischi legati all'uso delle macchine autonome.

Le normative e le certificazioni di sicurezza rappresentano un ulteriore strumento per garantire il corretto utilizzo delle macchine autonome. In Europa, macchine come i robot industriali devono essere conformi alla Direttiva Macchine e agli standard ISO 10218, che stabiliscono i requisiti di sicurezza per i robot industriali e i loro sistemi di integrazione. Queste normative impongono che le macchine autonome siano progettate con caratteristiche di sicurezza intrinseche, come la limitazione della velocità, il controllo delle forze applicate e la capacità di rilevare anomalie. Le aziende devono assicurarsi che tutte le macchine autonome utilizzate siano certificate, conformi a queste normative e che vengano regolarmente ispezionate per verificare il rispetto degli standard di sicurezza.

Per concludere, prima che una macchina autonoma venga utilizzata in un ambiente di lavoro reale, è fondamentale testarla in un ambiente simulato per verificare la sua capacità di rispondere correttamente a situazioni di emergenza o a condizioni impreviste. Attraverso test rigorosi, è possibile individuare potenziali vulnerabilità o malfunzionamenti e correggerli prima che la macchina venga introdotta nel ciclo operativo quotidiano. Le simulazioni aiutano anche a formare gli operatori, permettendo loro di apprendere come gestire la macchina in sicurezza e senza correre rischi reali.

5. DIRITTI DEI LAVORATORI E NUOVE TECNOLOGIE

In che modo le nuove tecnologie possono migliorare le condizioni di lavoro dei dipendenti?

Le nuove tecnologie hanno il potenziale di migliorare significativamente le condizioni di lavoro dei dipendenti, offrendo strumenti che non solo aumentano la produttività, ma promuovono anche il benessere, la sicurezza e la qualità della vita lavorativa. Le tecnologie variano dall'automazione alla digitalizzazione dei processi, dall'intelligenza artificiale ai dispositivi indossabili. Il loro impiego può avere un impatto positivo in molti aspetti del lavoro, riducendo i carichi fisici e mentali, migliorando la comunicazione e offrendo maggiore flessibilità.

Uno dei principali modi in cui le nuove tecnologie migliorano le condizioni di lavoro è attraverso la riduzione del lavoro fisico e ripetitivo. L'introduzione di robot e macchinari automatizzati in settori come la manifattura, la logistica e l'edilizia consente ai lavoratori di evitare compiti fisicamente impegnativi, riducendo così il rischio di lesioni muscoloscheletriche o affaticamento. Ad esempio, l'uso di esoscheletri nelle fabbriche permette ai dipendenti di sollevare e trasportare oggetti pesanti senza sforzare la schiena o le articolazioni, mentre i robot collaborativi possono svolgere compiti ripetitivi, facendo in modo che i lavoratori si concentrino su attività a maggiore valore aggiunto. Questa riduzione del carico fisico non solo migliora la salute e la sicurezza, ma contribuisce anche a ridurre l'assenteismo e ad aumentare la soddisfazione lavorativa.

Un altro aspetto positivo riguarda il miglioramento della comunicazione e della collaborazione tra i dipendenti grazie alle tecnologie digitali. Strumenti di comunicazione avanzati, come piattaforme di collaborazione online, software di gestione dei progetti e videoconferenze, consentono ai lavoratori di connettersi facilmente tra loro, indipendentemente dalla loro posizione geografica. Questo è particolarmente rilevante nel contesto del lavoro remoto o ibrido, che si è diffuso notevolmente negli ultimi anni. La possibilità di comunicare in modo rapido ed efficiente favorisce la condivisione delle informazioni, il lavoro di squadra e la risoluzione tempestiva dei problemi. Inoltre, l'uso di piattaforme collaborative riduce la necessità di riunioni in presenza, rendendo più flessibile la gestione del tempo dei dipendenti e migliorando l'equilibrio tra vita professionale e personale.

Le nuove tecnologie offrono anche strumenti per migliorare la sicurezza sul lavoro. Come detto in precedenza, dispositivi indossabili come giubbotti, caschi o occhiali intelligenti possono monitorare le condizioni fisiche dei lavoratori e l'ambiente circostante, rilevando situazioni di pericolo e inviando avvisi in tempo reale. Questi dispositivi possono prevenire incidenti e migliorare la risposta alle emergenze, proteggendo la salute e la sicurezza dei dipendenti. Anche l'uso di intelligenza artificiale e analisi dei dati per la manutenzione predittiva delle attrezzature aiuta a prevenire guasti improvvisi che potrebbero mettere a rischio i lavoratori. Le tecnologie non solo aumentano la sicurezza fisica, ma anche la percezione di protezione e benessere da parte dei dipendenti, che si sentono più tutelati nell'ambiente di lavoro.

La flessibilità lavorativa è un altro importante beneficio offerto dalle nuove tecnologie. Il lavoro da remoto, reso possibile grazie a internet ad alta velocità, software di videoconferenza e strumenti di collaborazione cloud, consente ai dipendenti di lavorare da qualsiasi luogo, riducendo la necessità di spostamenti quotidiani. Questa maggiore flessibilità può avere un impatto positivo sul benessere psicologico dei lavoratori, riducendo lo stress legato al pendolarismo e offrendo più tempo per la famiglia e la vita privata. Il risultato è che laddove vengono adottate politiche di lavoro flessibili si assiste a un aumento della produttività e a una maggiore soddisfazione dei dipendenti.

L'automazione dei processi amministrativi e burocratici rappresenta un altro modo in cui le nuove tecnologie migliorano le condizioni di lavoro. Attraverso l'uso di software gestionali, intelligenza artificiale e strumenti di automazione, molte attività amministrative di routine, come la gestione delle buste paga, la registrazione delle presenze o la gestione dei benefit aziendali, possono essere eseguite automaticamente, riducendo il carico di lavoro sui dipendenti e permettendo loro di concentrarsi su compiti più strategici e creativi. Il che non solo riduce lo stress legato alle attività burocratiche, ma rende anche il lavoro più gratificante e stimolante.

Le tecnologie avanzate possono anche migliorare la gestione del talento e delle risorse umane all'interno delle organizzazioni. Strumenti basati sull'IA possono essere utilizzati per analizzare i dati relativi alle prestazioni dei dipendenti, identificare opportunità di sviluppo e formazione personalizzate, ottimizzare la gestione delle carriere. I dipendenti possono ricevere feedback più accurati e personalizzati, oltre a piani di sviluppo professionale mirati alle loro competenze e aspirazioni. Questo approccio può aumentare da un lato la motivazione e il coinvolgimento dei dipendenti, dall'altro aiutare le aziende a trattenere i talenti e a promuovere una cultura aziendale basata sulla crescita e sul miglioramento continuo.

Infine, l'uso di tecnologie verdi, come l'energia rinnovabile o i processi di produzione a basso impatto ambientale, contribuiscono a ridurre l'impronta ecologica dell'azienda, creando un ambiente di lavoro più sano e sostenibile per i dipendenti. I lavoratori che percepiscono il proprio datore di lavoro attento ai temi della sostenibilità, tendono a essere più motivati e coinvolti, poiché considerano il loro contributo come parte di un più ampio impegno dell'organizzazione verso il bene comune.

Quali sono i diritti dei lavoratori relativi

all'uso dei dati personali sul posto di lavoro?

I diritti dei lavoratori relativi all'uso dei dati personali sul posto di lavoro sono disciplinati da norme volte a tutelare essenzialmente due aspetti: la privacy e la dignità delle persone. Come più volte ricordato nelle pagine precedenti, in Europa il GDPR rappresenta il principale strumento legislativo che stabilisce i diritti dei lavoratori in materia di trattamento dei dati personali. I diritti si applicano a qualsiasi tipo di informazione che possa identificare una persona, come dati anagrafici, dati relativi alla salute, informazioni sui comportamenti e anche dati raccolti tramite dispositivi di sorveglianza o monitoraggio delle prestazioni.

Uno dei principali diritti riconosciuti dal regolamento europeo è il diritto all'informazione. I lavoratori devono essere informati in modo chiaro e trasparente su quali dati personali vengono raccolti dal datore di lavoro, come vengono utilizzati, per quali finalità e con chi possono essere condivisi. Questa informazione deve essere fornita in modo facilmente comprensibile e accessibile, attraverso una informativa sulla privacy e la comunicazione di una politica aziendale sul trattamento dei dati. Il datore di lavoro deve inoltre indicare la base giuridica del trattamento dei dati, come il consenso del lavoratore, l'adempimento di obblighi legali, la necessità di trattare i dati per l'esecuzione di un contratto e la tutela di interessi vitali per l'interessato. Quest'ultima evenienza potrebbe verificarsi qualora il dato sia acquisito per gestire sistemi destinati alla sicurezza e alla tutela della salute.

Un altro diritto fondamentale è quello di accesso. I lavoratori hanno il diritto di sapere se il datore di lavoro sta trattando loro dati personali e, in tal caso, di ottenere copia dei dati che li riguardano. Questo include anche informazioni sullo scopo del trattamento, sulle categorie di dati personali trattati, sui destinatari dei dati e sul periodo di conservazione previsto. I lavoratori possono richiedere le informazioni in qualsiasi momento e il datore di lavoro è tenuto a rispondere entro un tempo ragionevole. Il diritto di accesso garantisce trasparenza e consente ai lavoratori di verificare che i loro dati vengano trattati in maniera conforme alla legge.

Il diritto di rettifica previsto dalle norme in materia di privacy è un altro aspetto importante per i lavoratori. Se un dipendente scopre che i suoi dati personali sono errati, incompleti o non aggiornati, ha diritto di chiederne l'immediata correzione. Il datore di lavoro è obbligato a rettificare o integrare i dati inesatti o incompleti. Questo diritto è fondamentale per garantire che le informazioni trattate siano accurate e riflettano correttamente la situazione del lavoratore, soprattutto per finalità come la gestione delle presenze, le valutazioni delle prestazioni o i dati salariali.

Un diritto strettamente collegato è il diritto alla cancellazione, noto anche come "diritto all'oblio". I lavoratori hanno diritto di richiedere la cancellazione dei loro dati personali in determinate circostanze, ad esempio quando i dati non sono più necessari per gli scopi per cui sono stati raccolti o quando il lavoratore ritira il consenso precedentemente prestato. Va anche detto che il diritto alla cancellazione non è assoluto, perché il datore di lavoro potrebbe essere obbligato a conservare alcuni dati per adempiere a obblighi legali o contrattuali, come la conservazione di documenti fiscali o di buste paga.

Un altro diritto chiave è la limitazione del trattamento. In alcuni casi, i lavoratori possono richiedere che l'uso dei loro dati personali sia limitato, ad esempio se contestano l'accuratezza dei dati o se i dati raccolti eccedono le finalità consentite. Durante il periodo in cui è in corso la verifica o la limitazione, il datore di lavoro può continuare a conservare i dati, ma non può utilizzarli attivamente.

Il diritto alla portabilità dei dati consente ai lavoratori di ricevere i loro dati personali in un formato strutturato, di uso comune e leggibile da dispositivo automatico, nonché di trasmetterli a un altro titolare del trattamento. Il diritto è applicabile principalmente quando il trattamento dei dati si basa sul consenso del lavoratore o su un contratto e può essere utile in caso di cambiamento di lavoro o di trasferimento di informazioni tra datori di lavoro.

I lavoratori hanno anche il diritto di opporsi al trattamento dei loro dati personali in determinate circostanze. Se il trattamento dei dati personali è basato su necessità operative legittime o obblighi del datore di lavoro, il lavoratore ha il diritto di opporsi al trattamento, ma il datore di lavoro può dimostrare che esistono motivi legittimi e cogenti per continuare a trattare i dati, prevalenti sui diritti e le libertà del lavoratore. In generale, e anche tenuto conto delle previsioni dello Statuto dei lavoratori, un dipendente può sempre opporsi al monitoraggio continuo delle sue attività sul posto di lavoro, soprattutto se ritiene che ciò violi la sua privacy.

Un tema rilevante nei contesti lavorativi attuali è quello del monitoraggio e della sorveglianza elettronica. Se il datore di lavoro utilizza strumenti di monitoraggio elettronico, come telecamere di sorveglianza, software per monitorare l'uso del computer o sistemi di tracciamento della posizione, deve farlo in conformità con i principi del GDPR che comprendono la minimizzazione dei dati raccolti, la trasparenza e la proporzionalità. I lavoratori devono essere informati dell'esistenza di tali sistemi e del loro scopo, mentre il datore di lavoro deve garantire che il monitoraggio sia limitato a ciò che è strettamente necessario per scopi legittimi, come la sicurezza fisica delle persone e la protezione della proprietà aziendale.

Infine, i lavoratori hanno il diritto di non essere soggetti a decisioni automatizzate (inclusa la profilazione) che producono effetti legali o incidono in modo significativo sulla loro persona senza il loro consenso o senza un'adeguata revisione umana. Ad esempio, se un datore di lavoro utilizza un algoritmo per valutare le prestazioni dei dipendenti o per prendere decisioni sullo sviluppo della carriera, il lavoratore ha il diritto di richiedere che una persona fisica verifichi la decisione e di esprimere il proprio punto di vista in merito.

In che maniera l'automazione influenzerà i diritti

dei lavoratori nel settore manifatturiero?

L'automazione nel settore manifatturiero sta rapidamente trasformando il modo in cui le fabbriche e le linee di produzione operano, introducendo tecnologie come robot collaborativi, macchinari automatizzati e sistemi di intelligenza artificiale. Il cambiamento avrà un impatto significativo sui diritti dei lavoratori, poiché l'automazione influenzerà vari aspetti del loro lavoro, tra cui la sicurezza, le competenze necessarie, le opportunità di carriera e la protezione contro la disoccupazione tecnologica.

Uno degli impatti più evidenti dell'automazione riguarda il diritto alla sicurezza sul lavoro. L'automazione ha il potenziale per migliorare significativamente la sicurezza dei lavoratori nel settore manifatturiero, riducendo l'esposizione a compiti pericolosi e faticosi. I robot possono essere programmati per eseguire operazioni ripetitive e rischiose, come il sollevamento di carichi pesanti o la gestione di materiali pericolosi, permettendo ai lavoratori di concentrarsi su attività fisicamente meno impegnative e più sicure. Tuttavia, l'integrazione di robot autonomi e macchinari complessi richiede anche che i lavoratori siano adeguatamente formati per comprendere i rischi legati all'interazione con queste tecnologie. Il diritto a ricevere una formazione adeguata e continua vuole assicurare che i lavoratori operino in sicurezza accanto alle macchine automatizzate.

Un'altra importante conseguenza dell'automazione riguarda il diritto all'occupazione. L'introduzione di sistemi automatizzati può ridurre la domanda di manodopera non specializzata, poiché molti dei compiti manuali tradizionalmente svolti dai lavoratori possono essere eseguiti dalle macchine in modo più efficiente. Questo pone il rischio di disoccupazione tecnologica, soprattutto per i lavoratori meno qualificati. Per affrontare questo problema, i lavoratori dovranno essere tutelati tramite politiche di riqualificazione professionale (reskilling) e aggiornamento delle competenze (upskilling) che consentano loro di acquisire nuove abilità richieste in un ambiente di lavoro automatizzato. Il diritto alla formazione continua diventerà quindi essenziale per permettere di adattarsi ai cambiamenti tecnologici e mantenere la propria occupabilità.

L'automazione può avere un impatto anche sul diritto dei lavoratori a una retribuzione equa. Se da un lato l'automazione può ridurre la domanda di manodopera, dall'altro potrebbe aumentare la produttività e migliorare i profitti aziendali. In questo contesto, i lavoratori potrebbero rivendicare il diritto a beneficiare di una parte di questi guadagni, attraverso aumenti salariali o incentivi legati alla produttività. È importante perciò che questi benefici siano equamente distribuiti, evitando che l'automazione porti a una crescente disuguaglianza tra i lavoratori altamente qualificati, che supervisionano le macchine, e quelli meno qualificati, il cui ruolo potrebbe essere progressivamente ridotto o eliminato.

L'automazione solleva anche questioni relative al monitoraggio e alla protezione dei dati personali. Con l'introduzione di macchine intelligenti e sensori IoT, i processi di produzione diventano soggetti a monitoraggio continuo sempre più dettagliato con raccolta di dati in tempo reale. In modo diretto o indiretto, possono così essere acquisiti dati relativi anche alle prestazioni dei lavoratori e al loro comportamento sul posto di lavoro. È fondamentale che i lavoratori mantengano la effettiva tutela della privacy e che qualsiasi raccolta di dati personali sia gestita in conformità con le normative sulla protezione dei dati. I lavoratori devono essere informati su quali dati vengono raccolti, come vengono utilizzati e per quanto tempo vengono conservati, fino ad avere la possibilità di opporsi a trattamenti di dati non necessari o invasivi.

Un ulteriore impatto dell'automazione riguarda il diritto alla contrattazione collettiva. Poiché l'automazione può modificare radicalmente la struttura dell'occupazione in un'azienda, con una maggiore domanda di competenze tecniche e una diminuzione dei lavori manuali, è probabile che emerga la necessità di rivedere gli accordi contrattuali esistenti. I sindacati e le organizzazioni dei lavoratori avranno un ruolo determinante nel garantire che l'automazione non comporti una riduzione dei diritti o delle condizioni di lavoro, così come nel negoziare nuovi contratti che riflettano le realtà del lavoro automatizzato. Dovrà essere assicurata anche la protezione dei salari, delle condizioni di sicurezza e delle opportunità di riqualificazione per i lavoratori le cui mansioni vengono automatizzate.

L'automazione potrebbe inoltre influenzare il diritto all'orario di lavoro equo. L'aumento dell'efficienza operativa grazie all'automazione potrebbe ridurre la necessità di turni di lavoro lunghi o eccessivi, offrendo l'opportunità di ridurre la settimana lavorativa o di aumentare il tempo libero dei lavoratori. In alcuni casi, i sindacati hanno già iniziato a esplorare la possibilità di contratti che prevedono settimane lavorative più brevi senza riduzione dello stipendio, in linea con i guadagni in termini di produttività ottenuti grazie all'automazione. Tuttavia, è fondamentale che tali cambiamenti siano implementati in modo equo e non portino a un aumento della pressione sui lavoratori rimanenti per svolgere più compiti in meno tempo.

Con l'emergere di nuovi ruoli e settori di competenza, l'automazione in definitiva potrebbe creare nuove opportunità per i lavoratori. Se adeguatamente gestita, potrebbe spostare l'attenzione da lavori manuali ripetitivi a mansioni più creative, analitiche e di supervisione, migliorando la qualità del lavoro e aprendo nuove prospettive di carriera. Il diritto dei lavoratori a una carriera dignitosa e gratificante potrebbe essere rafforzato, a patto che siano forniti i giusti strumenti per affrontare la transizione tecnologica.

Quali sono le opportunità di formazione offerte dalle nuove tecnologie per i lavoratori?

Le nuove tecnologie stanno aprendo una vasta gamma di opportunità di formazione per i lavoratori, trasformando radicalmente il modo in cui acquisiscono nuove competenze e sviluppano le proprie carriere. Grazie a strumenti come l'intelligenza artificiale, la realtà virtuale, l'e-learning, le piattaforme di formazione online e i sistemi di apprendimento automatizzato, la formazione è diventata più accessibile, personalizzabile ed efficace rispetto ai metodi tradizionali.

Da anni le nuove tecnologie hanno reso disponibile la formazione a distanza o e-learning. Le piattaforme di apprendimento online consentono ai lavoratori di accedere a corsi e materiali formativi ovunque si trovino e in qualsiasi momento, superando i vincoli di tempo e luogo che caratterizzano la formazione tradizionale in aula. Attraverso l'e-learning, i lavoratori possono seguire corsi su una vasta gamma di argomenti, dalle competenze tecniche e professionali alla gestione del tempo e allo sviluppo personale. Le piattaforme di e-learning offrono anche una grande flessibilità, permettendo di imparare al proprio ritmo, il che è particolarmente utile per chi deve bilanciare formazione e responsabilità lavorative e familiari.

L'intelligenza artificiale sta ora rivoluzionando il campo della formazione attraverso la personalizzazione dell'apprendimento. Grazie a sistemi di IA, è possibile creare percorsi formativi adattivi che rispondano alle esigenze specifiche di ciascun lavoratore. L'IA può analizzare le competenze attuali di un individuo, i suoi progressi e le sue aree di miglioramento, oltre a proporre contenuti formativi mirati che si concentrano sulle lacune individuate. Questo approccio personalizzato non solo rende la formazione più efficace, ma aumenta anche la motivazione dei lavoratori, perché consente di apprezzare i progressi concreti e di ricevere feedback tempestivi. Inoltre, l'IA può essere utilizzata per creare quiz e test interattivi che aiutano i lavoratori a consolidare le loro conoscenze e a misurare i propri progressi nel tempo.

Altre tecnologie che offrono importanti opportunità di formazione sono la realtà virtuale e la realtà aumentata. Si tratta di strumenti che consentono di creare ambienti immersivi e simulazioni realistiche, permettendo ai lavoratori di esercitarsi in scenari pratici senza correre rischi. Ad esempio, in settori ad alto rischio come l'industria manifatturiera, l'edilizia o la sanità, i lavoratori possono utilizzare la VR per simulare situazioni di emergenza, come il guasto di una macchina o un intervento chirurgico complesso, imparando a gestire tali situazioni in sicurezza. La realtà aumentata, invece, può essere utilizzata per fornire istruzioni visive in tempo reale durante le operazioni, come la manutenzione di macchinari o l'assemblaggio di componenti complessi, migliorando la precisione e la competenza dei lavoratori.

Le nuove tecnologie stanno inoltre facilitando la collaborazione e l'apprendimento in team. Le piattaforme digitali permettono ai lavoratori di partecipare a progetti di gruppo e di collaborare con colleghi situati in diverse parti del mondo. Attraverso strumenti come videoconferenze, chat aziendali, spazi di lavoro condivisi e piattaforme di gestione dei progetti, i dipendenti possono lavorare insieme su problemi comuni, scambiarsi conoscenze e competenze e imparare l'uno dall'altro. Questa forma di apprendimento favorisce lo sviluppo di competenze trasversali, come la comunicazione, la capacità di lavorare in team e il problem solving, che sono sempre più richieste nei contesti lavorativi attuali. Un tema aperto resta assicurare che le piattaforme di interazione online lascino spazio adeguato alle relazioni interpersonali, salvaguardando la possibilità di una interazione diretta fra i colleghi nel contesto lavorativo.

La gamification è un'altra tendenza emergente nella formazione dei lavoratori. Consiste nell'utilizzare elementi tipici dei giochi, come punteggi, classifiche e sfide, per rendere l'apprendimento più coinvolgente e motivante. Le piattaforme di formazione che integrano la gamification permettono ai lavoratori di accumulare punti, ottenere badge o avanzare di livello mentre completano moduli formativi. Si rende così la formazione meno monotona e più coinvolgente, aumentando la partecipazione dei dipendenti. Inoltre, la gamification stimola la competizione positiva, incoraggiando i partecipanti a migliorare le proprie prestazioni.

Le piattaforme di microlearning rappresentano un'altra

opportunità significativa per la formazione dei lavoratori. Il microlearning è un approccio che prevede l'erogazione di contenuti formativi in brevi sessioni, generalmente della durata di pochi minuti, che possono essere facilmente integrate nella giornata lavorativa. Grazie a brevi video, infografiche, quiz o moduli interattivi, i lavoratori possono acquisire nuove competenze in modo rapido e mirato, senza dover interrompere le attività quotidiane per lunghe ore di formazione. Questo formato è particolarmente efficace per l'apprendimento di competenze specifiche e per il continuo aggiornamento delle conoscenze.

Un altro vantaggio offerto dalle nuove tecnologie è la possibilità di monitorare e valutare i progressi formativi in tempo reale. Attraverso le piattaforme digitali, i datori di lavoro possono tracciare i progressi dei dipendenti, valutare le loro prestazioni nei test e nei quiz, e identificare le aree in cui necessitano di ulteriore formazione. Questa capacità di monitoraggio continuo consente di personalizzare ulteriormente i percorsi formativi e di assicurare che ogni lavoratore stia ricevendo il supporto e le risorse necessarie per sviluppare le competenze richieste. Inoltre, i lavoratori possono visualizzare il proprio progresso e fissare obiettivi di apprendimento, aumentando la loro motivazione e il loro senso di responsabilità verso la formazione. In un mercato del lavoro in continua evoluzione, dove le competenze richieste cambiano rapidamente, la capacità di continuare ad apprendere e aggiornarsi è fondamentale. Le piattaforme digitali rendono la formazione continua più accessibile e flessibile, consentendo ai dipendenti di acquisire nuove competenze man mano che emergono nuove tecnologie o vengono introdotti nuovi processi aziendali. Ciò permette ai lavoratori di mantenere la propria competitività sul mercato del lavoro e di avanzare nella propria carriera.

Come si può garantire la privacy dei lavoratori con l'uso crescente dei dispositivi IoT?

Il crescente uso di dispositivi IoT nei luoghi di lavoro offre numerosi vantaggi in termini di efficienza, sicurezza e monitoraggio delle prestazioni. È anche vero però che l'uso di questi dispositivi solleva preoccupazioni riguardo alla privacy dei lavoratori, perché i sensori e i dispositivi connessi possono raccogliere una grande quantità di dati personali e professionali. Garantire la privacy dei lavoratori in questo contesto richiede un approccio bilanciato tra l'uso responsabile della tecnologia e il rispetto dei diritti dei dipendenti.

In primo luogo, è fondamentale che i datori di lavoro adottino un approccio basato sulla trasparenza. I lavoratori devono essere chiaramente informati su quali dispositivi IoT vengono utilizzati, quali dati personali o professionali vengono raccolti, per quali finalità, come questi dati vengono trattati e con chi vengono condivisi. Occorre quindi una informativa dettagliata sulla privacy, conforme alle normative sulla protezione dei dati. La trasparenza è essenziale per creare un rapporto di fiducia tra datore di lavoro e lavoratori, che devono essere sempre pienamente consapevoli di come le loro informazioni vengono raccolte e gestite.

Un altro elemento è il consenso informato. Nel caso in cui i dati raccolti dai dispositivi IoT non siano strettamente necessari per adempiere a obblighi legali o contrattuali, e negli altri casi previsti dalla legge per i quali il consenso non è indispensabile, il datore di lavoro deve ottenere il consenso esplicito dei lavoratori per il trattamento dei dati. Il consenso deve essere libero, informato e revocabile in qualsiasi momento. I lavoratori hanno diritto di accettare o rifiutare la raccolta di dati non essenziali senza subire conseguenze. Ad esempio, se un dispositivo IoT raccoglie dati relativi alle abitudini di movimento o all'uso degli spazi all'interno dell'azienda, è necessario ottenere il consenso dei lavoratori, poiché queste informazioni possono incidere sulla loro privacy.

La minimizzazione dei dati è un principio chiave che deve essere rispettato per proteggere la privacy dei lavoratori. I datori di lavoro devono raccogliere solo i dati strettamente necessari per raggiungere scopi legittimi e non eccedere nella raccolta di informazioni superflue o invasive. Ad esempio, se l'obiettivo di un dispositivo IoT è monitorare la sicurezza sul lavoro, i dati raccolti dovrebbero limitarsi agli aspetti relativi alla sicurezza e non includere informazioni personali non pertinenti, come la posizione esatta dei lavoratori in ogni momento o le loro interazioni personali.

Un altro aspetto importante per garantire la privacy è l'adozione di misure tecniche e organizzative adeguate a proteggere i dati raccolti dai dispositivi IoT. Questo include la crittografia dei dati sia durante la trasmissione sia durante l'archiviazione per garantire che le informazioni personali dei lavoratori non siano accessibili a persone non autorizzate. A tal fine devono essere implementati sistemi di autenticazione e controllo degli accessi per limitare la disponibilità dei dati solo a coloro che ne hanno effettivamente bisogno per svolgere le loro mansioni. I datori di lavoro devono anche garantire che i fornitori di tecnologie IoT rispettino gli stessi standard di sicurezza e siano in grado di garantire la protezione dei dati durante l'intero ciclo di vita del dispositivo.

L'uso di dispositivi IoT deve anche essere soggetto a un'attenta valutazione dell'impatto sulla protezione dei dati, soprattutto se comporta il trattamento di dati sensibili o su larga scala. La DPIA (valutazione di impatto sulla protezione dei dati) è una procedura che aiuta i datori di lavoro a valutare i rischi per la privacy associati all'uso di tecnologie IoT e a identificare le misure necessarie per mitigare tali rischi. Questa valutazione deve essere effettuata prima di introdurre nuovi dispositivi IoT nell'ambiente di lavoro e deve essere aggiornata periodicamente per garantire che le misure di protezione restino adeguate.

La limitazione della conservazione dei dati è un altro principio fondamentale. I dati personali raccolti dai dispositivi IoT devono essere conservati solo per il tempo necessario a raggiungere le finalità per cui sono stati raccolti. Una volta raggiunto lo scopo, i dati devono essere cancellati o resi anonimi, in modo da non poter essere utilizzati per identificare i lavoratori in futuro. Ad esempio, se un dispositivo IoT raccoglie dati sulla presenza dei lavoratori per motivi di sicurezza, questi dati devono essere cancellati non appena non sono più necessari per monitorare la sicurezza del sito.

Un'ulteriore misura per proteggere la privacy dei lavoratori è garantire che siano rispettati i diritti degli interessati previsti dal GDPR o da altre normative pertinenti, che restano applicabili indipendentemente dal mezzo tecnologico che rende possibile il trattamento dei dati personali. Come già si è ricordato, sono inclusi il diritto di accesso ai dati personali, il diritto di rettifica, il diritto alla cancellazione, il diritto alla limitazione del trattamento e il diritto di opporsi al trattamento. I lavoratori devono essere in grado di esercitare questi diritti facilmente e senza ostacoli e i datori di lavoro devono rispondere alle richieste in tempi rapidi e comunque ragionevoli.

Quali sono i diritti dei lavoratori riguardo alla sorveglianza elettronica sul posto di lavoro?

I diritti dei lavoratori riguardo alla sorveglianza elettronica sul posto di lavoro sono disciplinati da normative che mirano a bilanciare il diritto alla privacy dei dipendenti con la necessità dei datori di lavoro di monitorare le attività per ragioni legittime, come la sicurezza, la protezione delle proprietà aziendali o la produttività. In Europa, il regolamento europeo sulla protezione dei dati rappresenta il quadro giuridico principale che regola la sorveglianza elettronica e garantisce la tutela dei diritti dei lavoratori. Il quadro normativo italiano vede anche previsioni specifiche dello Statuto dei lavoratori, per la verità piuttosto datate - si fa riferimento in particolare alla sorveglianza remota tramite videocamere - e quindi non in linea con le attuali risorse tecnologiche.

Anzitutto vanno ricordati il diritto all'informazione e alla trasparenza. I lavoratori devono essere chiaramente informati se vengono sottoposti a sorveglianza elettronica, sia essa attraverso telecamere, monitoraggio delle email, tracciamento delle attività online, registrazione delle chiamate, acquisizione di dati personali tramite piattaforme, reti IoT, sensori di prossimità o movimento, tecnologia indossabile in grado di registrare e trasmettere informazioni sui parametri vitali ecc. Le informazioni devono essere fornite in modo trasparente e prima che la sorveglianza venga implementata, solitamente attraverso una politica aziendale dettagliata che spieghi le finalità della sorveglianza, i mezzi utilizzati e il tipo di dati raccolti. Il GDPR richiede che i lavoratori siano informati anche in merito alla base giuridica che giustifica tale sorveglianza, che può variare dall'adempimento di obblighi contrattuali alla protezione di interessi legittimi dell'azienda, purché bilanciati con il diritto alla privacy dei dipendenti.

Un altro diritto fondamentale è il diritto alla privacy. Anche se i datori di lavoro possono implementare sistemi di sorveglianza per motivi legittimi, devono rispettare i confini della privacy dei lavoratori. La sorveglianza non deve essere invasiva oltre quanto necessario e deve essere limitata a ciò che è proporzionato agli scopi dichiarati. Ad esempio, non è consentito monitorare in modo indiscriminato le comunicazioni private dei lavoratori o utilizzare telecamere in aree riservate come spogliatoi o altri locali di servizio. Il principio di proporzionalità è fondamentale per garantire che la sorveglianza non diventi una violazione ingiustificata della sfera personale dei lavoratori.

Indipendentemente dal mezzo tecnologico che consente la raccolta dei dati, i lavoratori hanno sempre il diritto di accesso ai propri dati personali. Se i dati vengono raccolti attraverso sistemi di sorveglianza, video, registrazioni vocali o tracciamento delle attività informatiche, sussiste il diritto di sapere quali dati sono stati raccolti, come vengono trattati e per quanto tempo saranno conservati. Il diritto del lavoratore include anche la possibilità di richiedere una copia dei dati personali raccolti. Il datore di lavoro è tenuto a rispondere alle richieste di accesso entro un termine ragionevole, generalmente un mese, e a fornire queste informazioni in un formato comprensibile e accessibile.

Un altro diritto importante è la possibilità di opposizione al trattamento dei dati personali attraverso la sorveglianza elettronica, soprattutto se la sorveglianza è basata sugli interessi legittimi del datore di lavoro. I lavoratori possono opporsi alla sorveglianza se ritengono che violi la loro privacy o se non ci sono motivi sufficienti a giustificare il monitoraggio. Se i lavoratori esercitano questo diritto, il datore di lavoro deve dimostrare che esistono motivi legittimi non derogabili per continuare la sorveglianza, che prevalgono sui diritti e sulle libertà del lavoratore. In caso contrario, la sorveglianza deve essere interrotta.

Il diritto alla minimizzazione dei dati è un altro principio chiave tutelato dal regolamento europeo sulla protezione dei dati e applicabile al controllo remoto. In pratica, il datore di lavoro può raccogliere solo i dati necessari per raggiungere le finalità specifiche della sorveglianza e non può raccogliere informazioni superflue o non pertinenti. Ad esempio, se l'obiettivo della sorveglianza è garantire la sicurezza fisica dell'edificio, il monitoraggio delle telecamere dovrebbe essere limitato alle aree comuni attraverso le quali può avvenire l'accesso e non dovrebbe includere la sorveglianza costante degli spazi personali o delle postazioni di lavoro individuali, a meno che non ci siano motivi particolari che lo giustifichino.

Il diritto alla limitazione del trattamento è anch'esso garantito. I lavoratori possono richiedere che il trattamento dei loro dati raccolti tramite sorveglianza elettronica sia limitato in modo temporaneo o continuativo, ad esempio, se contestano l'accuratezza dei dati o se il trattamento è stato eseguito in violazione delle norme. Durante il periodo in cui è in corso la verifica, il datore di lavoro può conservare i dati, ma non può utilizzarli attivamente per prendere decisioni o per ulteriori trattamenti, a meno che ciò non sia necessario per motivi legali o di sicurezza.

Un altro aspetto importante della sorveglianza elettronica è il diritto a non essere soggetti a decisioni automatizzate che incidano in modo significativo sulla vita professionale dei lavoratori. Il regolamento europeo sulla protezione dei dati stabilisce che i lavoratori non possono essere sottoposti a decisioni basate esclusivamente su trattamenti automatizzati di dati personali, inclusa la profilazione, senza un'adeguata revisione umana. Questo significa che se un datore di lavoro utilizza sistemi automatizzati di monitoraggio per valutare le prestazioni dei lavoratori o per prendere decisioni disciplinari, il lavoratore ha il diritto di richiedere che tali decisioni siano riviste da una persona fisica e di contestare il risultato del processo automatizzato.

Infine, i lavoratori hanno il diritto alla cancellazione dei dati (il più volte ricordato "diritto all'oblio"). Se i dati raccolti tramite sorveglianza elettronica non sono più necessari per le finalità per cui sono stati raccolti o se sono stati trattati illegalmente, i lavoratori possono richiedere che i dati siano cancellati. Tuttavia, come per altri diritti, il diritto alla cancellazione non è assoluto e potrebbe essere limitato da obblighi legali o esigenze aziendali legittime, come la conservazione dei dati per scopi di sicurezza o per adempiere a obblighi contrattuali.

In che modo le tecnologie di intelligenza artificiale possono supportare la sicurezza dei lavoratori?

Le tecnologie di intelligenza artificiale stanno rapidamente trasformando la gestione della sicurezza nei luoghi di lavoro, offrendo strumenti avanzati che possono migliorare la prevenzione degli incidenti, ridurre i rischi e proteggere i lavoratori in modo attivo. L'intelligenza artificiale consente l'analisi in tempo reale di grandi quantità di dati, il rilevamento di anomalie e la previsione di potenziali pericoli, contribuendo a creare un ambiente lavorativo più sicuro.

Uno degli usi più significativi dell'intelligenza artificiale nella sicurezza sul lavoro è attraverso l'analisi predittiva e la prevenzione degli incidenti. L'IA può infatti raccogliere e analizzare dati provenienti da sensori IoT, dispositivi indossabili e sistemi di sorveglianza, individuando modelli e tendenze che potrebbero indicare un rischio imminente. Ad esempio, in un ambiente industriale, i sensori possono monitorare lo stato delle macchine e le condizioni operative, mentre l'IA elabora queste informazioni per rilevare segni di usura o malfunzionamenti che potrebbero causare un incidente. In questo modo, le aziende possono eseguire interventi di manutenzione predittiva, prevenendo guasti improvvisi e riducendo il rischio di infortuni. Un altro modo in cui l'IA supporta la sicurezza è attraverso i dispositivi indossabili intelligenti. Caschi, braccialetti o giubbotti dotati di sensori monitorano continuamente i parametri fisici dei lavoratori, L'intelligenza artificiale, a sua volta, elabora questi dati in tempo reale per rilevare segni di affaticamento, disidratazione o altre condizioni che potrebbero compromettere la sicurezza del lavoratore. Ne deriva che se un lavoratore mostra segni di affaticamento eccessivo, l'IA può inviare un avviso al responsabile della sicurezza, suggerendo che il lavoratore venga fatto riposare o che si intervenga per prevenire un incidente dovuto a cali di attenzione.

L'IA può anche essere utilizzata per migliorare la sicurezza ambientale, rilevando condizioni pericolose come l'eccessiva esposizione a sostanze chimiche, livelli di rumore troppo elevati o la presenza di gas tossici. Sensori ambientali possono raccogliere dati in tempo reale, mentre l'IA li analizza per rilevare situazioni potenzialmente pericolose. In tal modo i lavoratori possono essere avvisati immediatamente di evacuare un'area o di adottare misure di sicurezza prima che si verifichi un incidente. Questo tipo di monitoraggio continuo è particolarmente utile in settori ad alto rischio, come l'industria chimica o mineraria, dove i pericoli possono variare rapidamente e richiedono una risposta immediata.

Un altro vantaggio significativo dell'IA è la sua capacità di migliorare la formazione sulla sicurezza. Attraverso l'uso della realtà virtuale e della realtà aumentata, l'IA può creare simulazioni realistiche di scenari di rischio, consentendo ai lavoratori di esercitarsi in situazioni di emergenza senza essere esposti a pericoli reali. Ad esempio, in un cantiere, i lavoratori possono simulare il crollo di un'impalcatura o la gestione di materiali pericolosi, imparando a reagire correttamente sotto la guida di un sistema AI. Questo tipo di formazione immersiva non solo migliora la consapevolezza dei lavoratori riguardo ai rischi, ma permette anche di identificare e correggere possibili lacune nella preparazione.

L'intelligenza artificiale può anche essere utilizzata per monitorare e analizzare il comportamento dei lavoratori, contribuendo a identificare abitudini che potrebbero portare a incidenti. Nei magazzini o negli impianti di produzione, i sistemi di monitoraggio basati su IA possono rilevare se un lavoratore non sta seguendo correttamente le procedure di sicurezza, a cominciare dall'uso di dispositivi di protezione individuale o dal rispetto delle distanze dai macchinari. In caso di violazioni, il sistema può inviare avvisi automatici o intervenire direttamente, bloccando un macchinario o interrompendo un'attività pericolosa.

L'IA può migliorare anche la gestione delle emergenze. In caso di incendio o crollo, l'intelligenza artificiale può aiutare a coordinare le operazioni di soccorso in modo più efficiente. I sistemi IA possono analizzare le condizioni in tempo reale e identificare le vie di evacuazione più sicure, tenendo conto della posizione dei lavoratori e delle condizioni ambientali. Inoltre, i dispositivi indossabili dotati di GPS possono aiutare a localizzare le persone in difficoltà e indicare priorità per chi necessita di assistenza, rendendo più mirata e efficace l'azione di soccorso. L'IA può anche suggerire le migliori procedure di intervento basate su dati storici e modelli predittivi.

Un altro ambito in cui l'IA può avere un impatto positivo è la riduzione dello stress e del sovraccarico lavorativo. Attraverso l'analisi dei dati relativi ai ritmi di lavoro e alla produttività, l'IA può identificare situazioni in cui i lavoratori sono sottoposti a carichi eccessivi o a stress prolungato. In questi casi, l'intelligenza artificiale può suggerire modifiche ai turni di lavoro, una redistribuzione delle mansioni o altre misure per alleviare la pressione sui lavoratori, migliorando il loro

benessere generale e riducendo i rischi legati all'affaticamento.
In sintesi, l'IA può essere utilizzata per migliorare la conformità alle normative di sicurezza. I sistemi possono monitorare in tempo reale se l'azienda sta rispettando tutte le normative e le linee guida di sicurezza, segnalando eventuali non conformità e suggerendo azioni correttive. L'IA può monitorare per esempio l'uso dei DPI o verificare se le ispezioni di sicurezza vengono eseguite regolarmente e in modo corretto, offrendo un aiuto per mantenere standard di sicurezza elevati ed evitare sanzioni legate alle non conformità.

Quali sono le implicazioni delle nuove tecnologie sulla flessibilità del lavoro?

Le nuove tecnologie stanno avendo un impatto significativo sulla flessibilità del lavoro, trasformando le modalità con cui i lavoratori organizzano il proprio tempo, interagiscono con i colleghi e gestiscono le proprie responsabilità. Queste tecnologie, che comprendono l'uso di piattaforme digitali, strumenti di collaborazione a distanza, intelligenza artificiale e automazione, stanno ridisegnando i confini e le forme del tradizionale ambiente di lavoro. Si tratta di un cambiamento che porta con sé anche nuove sfide in termini di gestione del lavoro, equilibrio tra vita privata e professionale, diritti dei lavoratori.
Uno dei principali cambiamenti apportati dalle nuove tecnologie è l'aumento del lavoro da remoto. Strumenti come le videoconferenze, le piattaforme di collaborazione online e il cloud computing consentono ai dipendenti di lavorare da qualsiasi luogo, eliminando la necessità di essere fisicamente presenti in ufficio. Questo ha portato a una crescente diffusione del lavoro a distanza, che offre maggiore flessibilità sia in termini di orari sia di luogo di lavoro. Le persone possono gestire meglio il proprio tempo, evitando lunghi spostamenti e potendo meglio conciliare il lavoro con la vita familiare e personale. In questo contesto, il concetto di ufficio fisico sta diventando meno rilevante e le aziende hanno sviluppato modelli di lavoro ibrido,

che combinano il lavoro in sede con quello da remoto.

Le tecnologie digitali hanno favorito il cambiamento delle forme di organizzazione del lavoro, aumentando le possibilità di lavoro freelance o i contratti a breve termine. Le piattaforme digitali, come quelle per il lavoro on-demand o i marketplace per freelance, consentono ai lavoratori di accedere a opportunità lavorative flessibili, di scegliere progetti specifici o incarichi temporanei, adattando il carico di lavoro volta per volta alle proprie esigenze. Questo approccio offre grande libertà e autonomia ai lavoratori, che possono gestire il proprio tempo in base ai propri obiettivi professionali e personali. Le nuove forme di lavoro sollevano però questioni legate alla sicurezza, alla stabilità del reddito e alla protezione dei diritti dei lavoratori, che non sempre sono garantiti nei contratti a breve termine o nel lavoro freelance.

Un'altra implicazione delle nuove tecnologie sulle dinamiche del lavoro è collegata all'uso di intelligenza artificiale e automazione. L'IA può essere utilizzata per gestire in modo più efficiente i compiti ripetitivi, liberando i lavoratori da attività manuali e consentendo loro di concentrarsi su compiti più complessi e strategici. Questo non solo aumenta la produttività, ma offre ai lavoratori una maggiore libertà nella gestione del proprio tempo e delle proprie responsabilità. Ad esempio, i software di pianificazione automatica possono essere utilizzati per organizzare le attività quotidiane in modo più efficiente, tenendo conto delle preferenze individuali e dei carichi di lavoro, e permettendo ai dipendenti di lavorare in modo più flessibile.

Le nuove tecnologie stanno inoltre trasformando la gestione del tempo all'interno delle aziende. Grazie a strumenti di collaborazione digitale, i lavoratori possono comunicare e collaborare con colleghi e team dislocati in diverse parti del mondo, superando i vincoli di fuso orario o di presenza fisica. Questo ha portato a una maggiore flessibilità nelle ore di lavoro, consentendo ai dipendenti di organizzare le proprie attività in base agli orari preferiti, a condizione che rispettino le scadenze aziendali e gli obiettivi condivisi. È anche vero che questa flessibilità può portare a un'estensione non desiderata delle ore di lavoro, poiché i confini tra lavoro e vita personale diventano meno definiti, fino a creare il rischio di "overworking" o di esaurimento professionale (burnout).

Oltre ai rischi appena richiamati, la crescente flessibilità introdotta dalla tecnologia porta con sé degli elementi di criticità da valutare attentamente. Uno dei principali problemi è il controllo e il monitoraggio dei lavoratori a distanza. L'uso di tecnologie per monitorare le attività dei dipendenti, come software di tracciamento del tempo o sistemi di sorveglianza digitale, può essere incompatibile con la privacy e i diritti dei lavoratori. È essenziale che le aziende adottino un approccio equilibrato e rispettoso, garantendo che qualsiasi monitoraggio sia trasparente, proporzionato e conforme alle normative sulla protezione dei dati.

Come si può garantire la sicurezza dei dati dei lavoratori in un ambiente di lavoro digitale?

Garantire la sicurezza dei dati dei lavoratori in un ambiente di lavoro digitale è una delle sfide più importanti per le aziende, soprattutto alla luce dell'aumento dell'uso di strumenti digitali, del lavoro da remoto e della crescente quantità di dati raccolti e trattati attraverso piattaforme e dispositivi interconnessi. Per proteggere i dati personali e sensibili dei lavoratori, le aziende devono adottare una combinazione di misure tecniche, organizzative e procedurali, in conformità con le norme sulla protezione dei dati.

Un approccio trasparente è fondamentale per garantire la fiducia dei dipendenti e per assicurarsi che il trattamento dei dati sia conforme alle normative vigenti. La politica sulla protezione dei dati deve anche descrivere le misure di sicurezza adottate dall'azienda per proteggere le informazioni personali e garantire che i dipendenti siano consapevoli dei loro diritti in merito all'accesso, alla rettifica e alla cancellazione dei dati.

Un altro aspetto importante è l'implementazione di misure

di sicurezza tecniche per proteggere i dati da cyberattacchi e violazioni. Le misure includono ad esempio la crittografia dei dati sia in transito sia a riposo, l'uso di firewall, i sistemi di prevenzione delle intrusioni (IPS) e i software antivirus. La crittografia garantisce che i dati sensibili siano leggibili solo da utenti autorizzati, riducendo il rischio di accesso non autorizzato o di furto di dati. Allo stesso tempo, l'adozione di tecnologie di autenticazione multifattoriale è fondamentale per garantire che solo il personale autorizzato possa accedere ai sistemi e ai dati aziendali, al fine di evitare la compromissione degli account attraverso password deboli o rubate.

Un altro elemento importante è la gestione degli accessi fisici e virtuali. Le aziende devono implementare un controllo rigoroso degli accessi, assicurandosi che solo i dipendenti che hanno bisogno di accedere a determinati luoghi e informazioni per svolgere il proprio lavoro possano farlo. L'approccio del privilegio minimo riduce il rischio che dati sensibili siano esposti a persone non autorizzate. Inoltre, è importante monitorare e tracciare tutte le attività degli utenti sui sistemi aziendali, registrando gli accessi e le operazioni effettuate per identificare tempestivamente eventuali comportamenti sospetti o tentativi di violazione.

Le aziende devono anche adottare pratiche di formazione e sensibilizzazione per garantire che i lavoratori siano consapevoli delle minacce alla sicurezza dei dati e delle migliori pratiche per proteggere le informazioni personali. La formazione dovrebbe includere temi come l'importanza dell'uso di password sicure, il riconoscimento delle truffe di phishing, l'uso appropriato dei dispositivi aziendali e l'importanza della protezione delle informazioni sensibili. I lavoratori sono spesso la prima linea di difesa contro le violazioni dei dati, quindi è essenziale che siano adeguatamente preparati a identificare e rispondere a potenziali minacce.

In un ambiente di lavoro digitale, soprattutto con la crescente diffusione del lavoro da remoto, è fondamentale proteggere anche i dispositivi utilizzati dai lavoratori. Le aziende devono assicurarsi che i dipendenti utilizzino dispositivi sicuri e aggiornati con le ultime patch di sicurezza. Devono anche implementare politiche che regolino l'uso dei dispositivi personali per scopi lavorativi (il cosiddetto BYOD, Bring Your Own Device). In più, l'uso di reti virtuali private (VPN) può migliorare la sicurezza delle comunicazioni da remoto, garantendo che i dati trasmessi tra i dispositivi dei lavoratori e i server aziendali siano crittografati e protetti da intercettazioni.

Un'altra misura per garantire la sicurezza dei dati è la limitazione della conservazione dei dati. I dati personali dei lavoratori dovrebbero essere conservati solo per il tempo strettamente necessario a raggiungere gli scopi per cui sono stati raccolti. Una volta che i dati non sono più necessari, devono essere cancellati in modo sicuro o anonimizzati, in conformità con le normative sulla protezione dei dati. Le aziende devono inoltre implementare politiche di backup regolari per garantire che i dati non vengano persi a causa di errori tecnici o attacchi informatici.

La valutazione dell'impatto sulla protezione dei dati, come già sottolineato, è un altro strumento essenziale per garantire la sicurezza dei dati dei lavoratori. Una DPIA è obbligatoria in caso di trattamenti di dati che possono presentare un alto rischio per i diritti e le libertà dei lavoratori. Attraverso una DPIA, l'azienda può identificare i rischi associati al trattamento dei dati e adottare le misure necessarie per mitigare i rischi prima che il trattamento abbia luogo.

Infine, è essenziale che le aziende adottino procedure di gestione delle violazioni dei dati. Nonostante tutte le misure preventive, è possibile che si verifichino violazioni della sicurezza. Le organizzazioni devono essere perciò preparate a rispondere in modo rapido ed efficace, implementando un piano di risposta alle violazioni che includa la notifica tempestiva alle autorità competenti e ai lavoratori interessati, come richiesto dal GDPR. Senza dimenticare che le aziende devono condurre indagini approfondite per identificare la causa della violazione e adottare misure correttive per evitare che il problema possa ripetersi.

Quali sono le sfide legali relative all'uso dei robot collaborativi nei luoghi di lavoro?

L'uso dei robot collaborativi, o cobot, nel contesto lavorativo sta rapidamente aumentando grazie alla loro capacità di operare fianco a fianco con i lavoratori umani in modo sicuro ed efficiente. Tuttavia, questa innovazione tecnologica solleva una serie di sfide legali che devono essere affrontate per garantire un'integrazione sicura e conforme nelle attività lavorative. Ciò riguarda in particolare la sicurezza dei lavoratori, la responsabilità in caso di incidenti, la protezione dei dati e la tutela dei diritti dei dipendenti.

Uno degli aspetti più critici riguarda la sicurezza dei lavoratori. I cobot sono progettati per interagire direttamente con gli esseri umani, condividendo spazi di lavoro e spesso eseguendo compiti ripetitivi o fisicamente impegnativi. Ma anche se i cobot sono generalmente considerati sicuri, esiste il rischio di incidenti o infortuni, soprattutto se il robot non è programmato o addestrato correttamente o se si verifica un malfunzionamento. Le normative europee, in particolare la Direttiva Macchine, stabiliscono i requisiti di sicurezza per le macchine industriali, inclusi i robot collaborativi. Tuttavia, con l'introduzione di nuove tecnologie, queste normative potrebbero necessitare di aggiornamenti per affrontare le sfide specifiche poste dalla collaborazione uomo-robot. In questo contesto, le aziende devono garantire che i cobot siano conformi agli standard di sicurezza internazionali, come le norme ISO 10218 e ISO/TS 15066, che stabiliscono i requisiti di progettazione e funzionamento sicuro dei robot industriali e collaborativi.

Un'altra sfida legale riguarda la responsabilità in caso di incidenti. Se un cobot causa un infortunio a un lavoratore, potrebbe essere difficile determinare chi è responsabile: il produttore del robot, l'azienda che lo utilizza o il programmatore che ha configurato il sistema? La questione della responsabilità è particolarmente complessa poiché il comportamento dei cobot può essere influenzato da una combinazione di fattori, inclusi sistemi di intelligenza artificiale e interazioni con gli esseri umani. Pertanto, le aziende devono adottare una politica chiara sulla gestione della responsabilità e assicurarsi che i robot siano sottoposti a manutenzione regolare, ispezioni di sicurezza e che vengano utilizzati in conformità con le istruzioni del produttore. La responsabilità civile per i danni causati dai robot potrebbe essere regolata anche dal principio di "product liability" (responsabilità del prodotto difettoso), che impone ai produttori l'obbligo di garantire che i loro prodotti siano sicuri e privi di difetti.

Un'altra importante questione legale riguarda la protezione dei dati personali. I cobot spesso sono dotati di sensori, telecamere e sistemi di intelligenza artificiale che raccolgono dati sulle attività dei lavoratori, sugli ambienti di lavoro e sulle interazioni con le altre macchine. Questi dati potrebbero includere informazioni personali, come le prestazioni dei dipendenti o i loro movimenti sul posto di lavoro, il che solleva preoccupazioni relative alla privacy e alla protezione dei dati. Le aziende che utilizzano cobot devono quindi assicurarsi che la raccolta e il trattamento dati siano conformi ai requisiti di protezione. Ciò implica garantire che i lavoratori siano informati sulla raccolta dei dati, che venga ottenuto il loro consenso quando necessario e che siano adottate misure tecniche adeguate a proteggere i dati raccolti da accessi non autorizzati o violazioni della sicurezza.

L'uso dei cobot solleva anche questioni relative ai diritti dei lavoratori. Uno degli aspetti più discussi è il potenziale impatto dei cobot sull'occupazione. Sebbene i cobot siano progettati per collaborare con gli esseri umani, c'è il timore che la loro diffusione possa portare alla riduzione del numero di posti di lavoro, soprattutto in settori come la manifattura o la logistica, dove i compiti ripetitivi sono molto comuni. Le aziende devono affrontare questo problema con trasparenza, coinvolgendo i sindacati e i rappresentanti dei lavoratori nelle discussioni sull'introduzione dei cobot e garantendo che i dipendenti siano adeguatamente formati per lavorare accanto ai robot. In alcuni casi, potrebbe essere necessario rinegoziare i contratti collettivi di lavoro per accogliere i cambiamenti nel modo in cui vengono svolte le mansioni lavorative e per garantire che i diritti dei lavoratori siano protetti.

6. PRODOTTI, MACCHINE, IMPIANTI

Quali requisiti di sicurezza per la progettazione delle macchine sono modificati dal Regolamento (UE) 2019/1020?

Il Regolamento (UE) 2019/1020 definisce una serie di requisiti in materia di sicurezza, con particolare attenzione alla sorveglianza del mercato e alla conformità dei prodotti venduti all'interno dell'Unione europea. L'obiettivo principale è quello di rafforzare il controllo sui prodotti immessi sul mercato europeo, migliorando la sicurezza dei consumatori e degli operatori, inclusi i lavoratori che utilizzano macchine complesse. La norma va a integrare e rafforzare quanto già stabilito dalla Direttiva Macchine, che disciplina la progettazione sicura delle macchine industriali.

Uno degli scopi centrali del regolamento è rafforzare la sorveglianza del mercato. Questo significa che le autorità competenti degli Stati membri dell'UE devono coordinare i controlli sui prodotti, garantendo il rispetto dei requisiti di sicurezza previsti a livello centrale dalla normativa europea. Nel quadro attuale, le macchine devono essere conformi a standard di sicurezza che - benché basati sul quadro di riferimento comune - hanno la loro base giuridica nel recepimento della direttiva a livello nazionale, con possibili disomogeneità. Il regolamento supera questa situazione perché si tratta di un'unica norma con efficacia diretta in tutti gli Stati membri. Prevede una maggiore collaborazione tra le autorità nazionali per garantire una sorveglianza uniforme in tutta l'Unione, riducendo così il rischio che macchine non conformi possano entrare nel mercato europeo tramite i canali di accesso nazionale più permeabili.

Un altro requisito importante introdotto dal regolamento riguarda la responsabilità degli operatori economici lungo tutta la catena di fornitura. Un obbligo che include non solo i produttori, ma anche gli importatori e i distributori, tutti tenuti a garantire che i prodotti messi in commercio siano conformi alle normative europee. In caso di non conformità o di rischio per la sicurezza, gli operatori economici devono prendere misure correttive, come il ritiro o il richiamo dei prodotti dal mercato. Inoltre, sono tenuti a cooperare con le autorità competenti in caso di controlli o verifiche, fornendo tutte le informazioni necessarie per dimostrare che le macchine rispettano i requisiti di sicurezza.

Il regolamento introduce anche il concetto di accesso ai dati digitali delle macchine, in linea con l'evoluzione tecnologica e la diffusione di sistemi connessi e dispositivi IoT. Oltre ai requisiti tradizionali di sicurezza meccanica, i produttori devono quindi garantire la sicurezza dei sistemi digitali integrati nelle macchine. Ad esempio, le macchine dotate di software o connesse a reti devono essere protette da possibili attacchi informatici e i dati raccolti attraverso i dispositivi IoT devono essere gestiti in modo sicuro. Il nuovo requisito riflette l'importanza crescente della cybersicurezza anche nell'ambito della sicurezza delle macchine.

Un altro aspetto del regolamento è l'attenzione alla conformità dei prodotti importati da paesi extra-UE. La norma stabilisce che gli importatori sono responsabili nel garantire che i prodotti provenienti da paesi terzi siano conformi alle normative europee prima di essere immessi sul mercato. È un passo importante per contrastare la diffusione di macchine non sicure o contraffatte provenienti da mercati esterni all'Unione. Gli importatori devono quindi verificare che i produttori esterni abbiano eseguito tutte le verifiche necessarie e che abbiano fornito la documentazione di conformità richiesta, a cominciare dalla certificazione CE.

Il regolamento pone inoltre un'enfasi particolare sull'informazione e la trasparenza. I produttori, importatori e distributori sono obbligati a fornire informazioni chiare e precise sulle caratteristiche di sicurezza delle macchine, nonché sulle modalità di utilizzo sicuro. Questo include l'obbligo di fornire manuali d'uso dettagliati e facilmente comprensibili, in cui siano descritti i rischi legati all'uso delle macchine e le misure da adottare per prevenirli. Le informazioni devono essere fornite nella lingua del paese in cui il prodotto viene immesso sul mercato, affinché i lavoratori siano in grado di comprendere le istruzioni di sicurezza.

Un altro aspetto significativo del regolamento riguarda la sostenibilità e l'uso efficiente delle risorse. Sebbene questo non sia un requisito di sicurezza in senso stretto, il regolamento promuove la progettazione di macchine che siano non solo sicure, ma anche efficienti dal punto di vista energetico e rispettose dell'ambiente. Questo riflette l'impegno dell'Unione europea a favore della sostenibilità e della riduzione dell'impatto ambientale dei prodotti industriali.

Infine, il Regolamento introduce misure più rigorose per la gestione delle non conformità. Se una macchina non rispetta i requisiti di sicurezza, le autorità possono richiedere che il prodotto venga ritirato dal mercato o che vengano adottate misure correttive per garantire la conformità. A tal fine il regolamento prevede sanzioni severe per gli operatori economici che non rispettano le normative e, in particolare, misure punitive che possono essere applicate in caso of violazioni gravi o ripetute.

In che modo le normative europee garantiscono la sicurezza dei prodotti innovativi?

Le norme europee si concentrano sulla sicurezza dei prodotti innovativi, bilanciando l'esigenza di promuovere l'innovazione tecnologica con la protezione dei consumatori e dei lavoratori. Si tratta di una combinazione di regolamenti, direttive e standard tecnici che definiscono i requisiti di sicurezza e la conformità dei prodotti immessi sul mercato.

La Direttiva Macchine oggi in vigore stabilisce i requisiti essenziali di salute e sicurezza per le macchine utilizzate nei contesti lavorativi e industriali. Sebbene questa direttiva sia stata originariamente sviluppata per macchine tradizionali e sia destinata ad essere sostituita dal Regolamento (UE) 2023/1230 a partire dal gennaio 2027, attualmente si applica anche ai prodotti innovativi, inclusi i robot collaborativi e i dispositivi automatizzati. La Direttiva Macchine stabilisce che ogni prodotto deve essere progettato e costruito in modo tale da garantire la sicurezza degli operatori durante il suo utilizzo, la sua manutenzione e la sua dismissione. Ciò include l'obbligo di eseguire una valutazione dei rischi, la progettazione di sistemi di sicurezza integrati e l'adozione di misure per ridurre al minimo i pericoli associati all'uso della macchina. Inoltre, i produttori devono garantire che il prodotto sia conforme agli standard tecnici che forniscono linee guida specifiche per garantire la sicurezza dei dispositivi innovativi.

Un altro elemento chiave nella garanzia della sicurezza dei prodotti innovativi è il Regolamento (UE) 2019/1020 richiamato sopra, che rafforza la sorveglianza del mercato all'interno dell'Unione europea. Come detto, il regolamento mira a garantire che i prodotti immessi sul mercato siano conformi alle normative europee in materia di sicurezza, salute e ambiente. Il regolamento impone agli operatori economici (produttori, importatori e distributori) l'obbligo di verificare che i prodotti rispettino i requisiti di sicurezza prima della loro commercializzazione. Inoltre, le autorità di sorveglianza del mercato sono autorizzate a eseguire controlli e ispezioni per garantire che i prodotti innovativi siano conformi alle normative. Se vengono rilevate non conformità, le autorità possono richiedere il ritiro o il richiamo del prodotto dal mercato, garantendo così un elevato livello di protezione per i consumatori e i lavoratori.

La conformità dei prodotti innovativi è ulteriormente garantita attraverso l'adozione di standard tecnici armonizzati che - sviluppati da organismi europei e internazionali come CEN e ISO - definiscono specifiche tecniche dettagliate per la progettazione e la sicurezza dei prodotti tecnologici. Gli standard armonizzati coprono una vasta gamma di settori, dalla sicurezza delle macchine industriali alla protezione dei dispositivi medici e delle tecnologie digitali. L'adozione degli standard è volontaria, ma i prodotti che rispettano gli standard armonizzati godono di una presunzione di conformità con le normative europee. Il che facilita il loro accesso al mercato. Il sistema garantisce che i prodotti innovativi siano progettati in conformità con le migliori pratiche di sicurezza e tecnologia disponibili, in maniera tale da ridurre al minimo i rischi per gli utenti.

Va sempre assicurata la protezione dei dati personali nei prodotti innovativi, in particolare per quelli che coinvolgono l'uso di intelligenza artificiale, dispositivi IoT e piattaforme digitali. Il GDPR stabilisce regole rigorose per garantire che i dati personali raccolti e trattati dai dispositivi innovativi siano protetti in modo adeguato. Questo è particolarmente rilevante per i prodotti tecnologici che raccolgono informazioni sugli utenti, come i dispositivi wearable, i sistemi di monitoraggio della salute o i robot domestici. Secondo il regolamento europeo sulla protezione dei dati, i produttori di questi dispositivi devono garantire che i dati personali siano trattati in modo trasparente, sicuro e conforme alle finalità dichiarate. Devono anche ottenere il consenso esplicito degli utenti per il trattamento dei dati e adottare misure tecniche come la crittografia e l'anonimizzazione per proteggere i dati da accessi non autorizzati o violazioni della sicurezza.

Il Regolamento sui dispositivi medici (UE) 2017/745 rappresenta un'altra normativa chiave per garantire la sicurezza dei prodotti innovativi nel settore sanitario. La norma stabilisce i requisiti di sicurezza per i dispositivi medici, inclusi quelli che incorporano tecnologie avanzate come l'intelligenza artificiale e i sistemi di monitoraggio remoto. Il regolamento richiede che i produttori eseguano una valutazione rigorosa della conformità prima di immettere i dispositivi medici sul mercato, inclusi test clinici e prove di sicurezza. Inoltre, impone ai produttori di monitorare continuamente le prestazioni dei loro dispositivi dopo l'immissione sul mercato, raccogliendo dati sull'uso effettivo per identificare eventuali problemi di sicurezza o difetti.

Infine, le normative europee promuovono l'innovazione sicura attraverso incentivi e programmi di supporto per lo sviluppo di nuove tecnologie, a condizione che rispettino standard elevati di sicurezza. Attraverso il programma di ricerca e innovazione Horizon Europe, in corso dal 2021 al 2027, l'UE sostiene ad esempio progetti di ricerca e sviluppo per l'innovazione tecnologica nel rispetto delle normative di sicurezza. Questo approccio integrato consente all'Unione europea di mantenere un alto livello di protezione per i consumatori e i lavoratori, promuovendo al contempo la crescita dell'industria tecnologica.

Quali sono i requisiti di conformità per i nuovi prodotti immessi sul mercato dell'Unione europea?

Uno dei principali requisiti di conformità per i nuovi prodotti immessi sul mercato dell'Unione europea è il marchio CE. È un indicatore di conformità alle normative europee applicabili e attesta che il prodotto soddisfa i requisiti essenziali di sicurezza, salute e tutela ambientale stabiliti dalle direttive e dai regolamenti europei. Il marchio CE è obbligatorio per una vasta gamma di prodotti, inclusi i macchinari, i dispositivi elettronici, i giocattoli, i dispositivi medici e i prodotti da costruzione. Per ottenere il marchio CE, il produttore deve eseguire una valutazione di conformità, che può includere test interni, l'applicazione di standard tecnici armonizzati e, in alcuni casi, il coinvolgimento di un organismo notificato che verifica la conformità del prodotto. Una volta che il prodotto soddisfa i requisiti di conformità, il produttore può apporre il marchio CE e rilasciare una dichiarazione di conformità UE che certifica il rispetto delle normative applicabili.

Un altro requisito fondamentale riguarda la valutazione del rischio. Prima di immettere un prodotto sul mercato, i produttori sono obbligati a eseguire una valutazione completa dei rischi associati all'uso del prodotto. Questo processo include l'identificazione di potenziali pericoli per la sicurezza, la salute o l'ambiente e l'adozione di misure preventive per eliminare o ridurre tali rischi. Ad esempio, per i macchinari la Direttiva Macchine richiede che il prodotto sia progettato e costruito in modo da minimizzare i rischi durante il normale utilizzo, inclusi i rischi legati alla manutenzione, alla pulizia e alla dismissione del prodotto. La valutazione del rischio deve essere documentata e conservata come parte della documentazione tecnica del prodotto.

In merito alla documentazione tecnica, i produttori devono predisporre informazioni dettagliate per ogni prodotto immesso sul mercato, che dimostrino la conformità alle normative applicabili. La documentazione include disegni tecnici, schemi, risultati dei test, descrizioni del funzionamento del prodotto e una valutazione dei rischi. Deve essere conservata per un periodo di almeno 10 anni dopo l'immissione del prodotto sul mercato e va messa a disposizione delle autorità competenti su richiesta. Nel caso in cui il prodotto sia importato nell'UE, l'importatore deve assicurarsi di avere accesso alla documentazione tecnica e di verificare che il prodotto sia conforme alle normative europee prima di distribuirlo sul mercato.

Il già citato Regolamento (UE) 2019/1020 sulla sorveglianza del mercato introduce ulteriori requisiti per garantire che i prodotti immessi sul mercato siano sicuri e conformi. Il regolamento prevede un rafforzamento dei controlli da parte delle autorità di sorveglianza, che possono eseguire ispezioni sui prodotti, verificare la conformità ai requisiti di sicurezza e adottare misure correttive in caso di non conformità. Gli operatori economici (produttori, importatori e distributori) sono tenuti a cooperare con le autorità di sorveglianza e a fornire tutte le informazioni necessarie per dimostrare la conformità dei prodotti. In caso di violazioni, le autorità possono richiedere il ritiro o il richiamo del prodotto dal mercato e applicare sanzioni. Un altro requisito di conformità riguarda la tracciabilità. I produttori devono garantire che i prodotti siano identificabili e che sia possibile risalire alla loro origine. Questo include l'obbligo di apporre sul prodotto o sull'imballaggio il nome e l'indirizzo del produttore, un numero di identificazione del prodotto e, se applicabile, il marchio CE. Inoltre, gli operatori economici devono essere in grado di fornire informazioni sulle catene di fornitura e di distribuzione, garantendo che i prodotti possano essere rintracciati in caso di problemi di sicurezza o richiami.

Nel contesto dei dispositivi medici, il Regolamento (UE) 2017/745 introduce requisiti specifici per garantire la sicurezza e la conformità di questi prodotti, che includono l'obbligo di condurre valutazioni cliniche, la sorveglianza post-commercializzazione e la segnalazione di incidenti o difetti. I dispositivi medici devono essere sottoposti a rigorose prove di sicurezza e di efficacia prima della loro immissione sul mercato, mentre i produttori devono monitorare costantemente le prestazioni dopo la commercializzazione per identificare eventuali problemi e adottare misure correttive.

Infine, nel caso di prodotti innovativi che coinvolgono tecnologie digitali per la raccolta di dati personali, come dispositivi IoT o software basati su intelligenza artificiale, il GDPR impone ulteriori requisiti di conformità. I produttori devono garantire che i dati personali raccolti dai loro prodotti siano trattati in conformità con le normative sulla protezione dei dati, nonché che siano adottate misure tecniche e organizzative adeguate a proteggere la privacy degli utenti. Questo include l'adozione di politiche di privacy by design e by default, la crittografia dei dati, l'anonimizzazione e la gestione sicura dei dati durante tutto il ciclo di vita del prodotto.

Come le tecnologie emergenti influenzano la regolamentazione dei prodotti industriali?

Le tecnologie emergenti stanno avendo un impatto profondo sulla regolamentazione dei prodotti industriali e richiedono un aggiornamento costante delle normative esistenti per garantire che queste innovazioni siano sicure, conformi e vantaggiose per il mercato e la società. Tecnologie come l'intelligenza artificiale, l'Internet of Things, la robotica avanzata e la blockchain stanno trasformando non solo i processi produttivi, ma anche la natura dei prodotti stessi. Questo cambiamento impone ai regolatori di affrontare nuovi problemi per garantire che le leggi mantengano il passo con l'evoluzione tecnologica senza ostacolare l'innovazione.

Un primo effetto delle tecnologie emergenti è la necessità di adattare i requisiti di sicurezza. I prodotti industriali basati su nuove tecnologie, come macchinari intelligenti o dispositivi IoT, presentano caratteristiche e rischi diversi rispetto ai prodotti tradizionali. Ad esempio, l'introduzione di robot collaborativi che lavorano a fianco degli esseri umani nelle linee di produzione solleva preoccupazioni nuove per la sicurezza dei lavoratori. I soggetti regolatori devono aggiornare le normative per affrontare questi rischi specifici, come la protezione contro incidenti causati dall'interazione uomo-macchina. Le norme esistenti, perciò, devono essere riviste per includere nuovi requisiti di sicurezza che tengano conto dell'autonomia decisionale di alcune macchine e dei sistemi basati su intelligenza artificiale. Anche le norme tecniche armonizzate sono soggette ad aggiornamenti per includere standard di sicurezza specifici per i prodotti che incorporano nuove tecnologie.

Inoltre, con l'uso crescente di software innovativo nei prodotti industriali, i regolatori devono considerare nuove problematiche relative alla responsabilità. Tradizionalmente, la responsabilità per i difetti dei prodotti industriali ricade principalmente sui produttori, ma con l'adozione di tecnologie basate sull'intelligenza artificiale diventa più complesso identificare chi è responsabile in caso di malfunzionamenti. Ad esempio, se un macchinario dotato di IA commette un errore o causa un incidente, può essere difficile determinare se la responsabilità è del produttore del macchinario, dello sviluppatore del software, di chi ha curato l'addestramento del sistema o di chi lo utilizza. Questo scenario richiede una revisione delle leggi sulla responsabilità del prodotto e la definizione di nuove linee guida per stabilire la responsabilità legale in casi complessi che coinvolgono tecnologie autonome o semi-autonome.

La diffusione dell'IoT introduce nuove sfide regolamentari relative alla cybersicurezza. I dispositivi industriali connessi, che raccolgono e scambiano dati in tempo reale, possono infatti essere vulnerabili ad attacchi informatici. La regolamentazione dei prodotti industriali deve quindi includere requisiti specifici di sicurezza informatica per garantire che i dispositivi IoT siano protetti da intrusioni, malware e altri tipi di minacce digitali. Il Regolamento sulla cybersicurezza (UE) 2019/881, noto come Cybersecurity Act, rappresenta un importante passo avanti nell'armonizzazione delle norme di sicurezza informatica per i prodotti connessi all'interno dell'Unione europea. Il regolamento introduce un quadro per la certificazione della sicurezza dei dispositivi IoT, ma il rapido sviluppo delle tecnologie emergenti richiede ulteriori aggiornamenti e specifiche normative per far fronte alle nuove minacce.

Le tecnologie emergenti, come l'intelligenza artificiale e la blockchain, influenzano anche la conformità normativa e i metodi di sorveglianza del mercato. Le autorità di regolamentazione stanno esplorando come utilizzare queste tecnologie per migliorare la loro capacità di monitorare i prodotti industriali immessi sul mercato e garantire che siano conformi alle normative. Ad esempio, la blockchain può essere utilizzata per creare registri immutabili che tracciano l'intero ciclo di vita di un prodotto industriale, dalla produzione alla distribuzione, fino allo smaltimento. Questo approccio migliora la trasparenza e rende più semplice verificare la conformità dei prodotti alle normative di sicurezza e alle direttive ambientali. Inoltre, le autorità possono utilizzare sistemi di intelligenza artificiale per analizzare grandi quantità di dati relativi ai prodotti industriali, identificare schemi di non conformità e

adottare misure correttive più rapide ed efficaci.
Un'altra area di influenza delle tecnologie emergenti sulla regolamentazione riguarda la sostenibilità e la tutela dell'ambiente. Prodotti industriali basati su nuove tecnologie, come i veicoli elettrici o i dispositivi per le energie rinnovabili, richiedono norme specifiche per garantire il loro contributo agli obiettivi di sostenibilità dell'UE, come quelli stabiliti nel Green Deal europeo. Ad esempio, i regolamenti sulle batterie e sui materiali utilizzati nei veicoli elettrici o nei sistemi di accumulo di energia devono garantire che siano sicuri, riciclabili e conformi alle normative sull'efficienza energetica. Le tecnologie come l'IoT possono svolgere un ruolo anche nella gestione intelligente delle risorse, contribuendo a ridurre l'impatto ambientale dei prodotti industriali, ma richiedono una regolamentazione che ne disciplini l'uso per garantire che non vi siano effetti negativi collaterali, come l'aumento del consumo di energia o la creazione di nuovi rifiuti elettronici.

Quali sono i requisiti di sicurezza per i nuovi impianti automatizzati?

I nuovi impianti automatizzati rappresentano una svolta nel settore industriale grazie alla loro capacità di migliorare la produttività, l'efficienza e la precisione operativa. Tuttavia, la crescente automazione introduce anche una serie di questioni legate alla sicurezza, che devono essere affrontate per garantire che i lavoratori, l'ambiente e le infrastrutture non siano esposti a rischi. Sono aspetti particolarmente rilevanti quando le tecnologie emergenti vengono integrate negli impianti.
Una delle prime questioni riguarda la sicurezza fisica dei lavoratori che interagiscono con i macchinari automatizzati. In un impianto automatizzato, i robot e i macchinari possono eseguire operazioni in maniera autonoma o semi-autonoma, spesso condividendo lo stesso spazio fisico con i lavoratori. Questo crea potenziali rischi di collisioni o incidenti se le misure di sicurezza non sono adeguate. Per affrontare questa

sfida, è fondamentale implementare dispositivi di sicurezza come sensori di rilevamento di presenza, barriere di sicurezza e sistemi di arresto di emergenza che possano prevenire incidenti. Inoltre, normative come la Direttiva Macchine e gli standard internazionali (ad esempio ISO 10218 per i robot industriali) impongono l'adozione di misure di sicurezza che limitano i rischi associati all'uso di macchinari automatizzati.

Un'altra importante sfida è legata alla cybersicurezza. I nuovi impianti automatizzati spesso utilizzano dispositivi connessi e integrano sistemi di controllo digitali che possono essere vulnerabili a cyberattacchi. Un impianto automatizzato che integra tecnologia IoT, ad esempio, può raccogliere dati in tempo reale e comunicare con altri sistemi per ottimizzare i processi produttivi. Tuttavia, questa interconnessione introduce il rischio che gli hacker possano accedere ai sistemi di controllo, manipolare le operazioni o causare danni intenzionali ai macchinari. Per ridurre questo rischio, gli impianti devono implementare misure di sicurezza informatica avanzate, come la crittografia dei dati, l'uso di firewall, l'autenticazione multifattoriale e il monitoraggio continuo delle reti. Il Cybersecurity Act stabilisce un quadro per la certificazione dei dispositivi connessi, inclusi quelli utilizzati negli impianti automatizzati, garantendo che rispettino requisiti di sicurezza specifici.

La gestione dei dati è un'altra sfida importante per la sicurezza degli impianti automatizzati. I macchinari e i sistemi automatizzati generano e raccolgono enormi quantità di dati relativi alle operazioni, ai tempi di inattività, alle condizioni dei macchinari e alle prestazioni complessive dell'impianto. Questi dati sono cruciali per ottimizzare i processi produttivi e migliorare l'efficienza, ma devono essere gestiti con attenzione per garantire che non vi siano perdite o violazioni. La perdita o l'accesso non autorizzato ai dati potrebbe compromettere la sicurezza dell'impianto o esporre informazioni sensibili. I sistemi di automazione devono quindi essere protetti attraverso strategie di data governance che includano backup regolari, controlli sugli accessi e politiche di protezione dei dati che rispettino le normative vigenti, GDPR in primis.

La complessità dei sistemi è un'altra sfida. Gli impianti automatizzati attuali utilizzano una combinazione di tecnologie avanzate, tra cui sensori, attuatori, robotica e software di intelligenza artificiale, che interagiscono in modo complesso per gestire l'intero processo operativo. L'aumento della complessità del sistema implica che vi sia un maggiore rischio di malfunzionamenti o di errori di programmazione che potrebbero compromettere la sicurezza dell'impianto. Un errore nel software di controllo potrebbe causare un'interruzione improvvisa della produzione o, peggio, danneggiare i macchinari e mettere in pericolo i lavoratori. Per mitigare questo rischio, è essenziale che i sistemi siano sottoposti a test rigorosi e che siano implementati piani di manutenzione preventiva per garantire che tutti i componenti funzionino correttamente.

Un altro tema che riguarda la sicurezza legata agli impianti automatizzati è la gestione dell'interazione uomo-macchina. Sebbene molti processi siano automatizzati, ci sono ancora operazioni in cui è necessaria la supervisione o l'intervento umano. L'interazione tra lavoratori e sistemi automatizzati deve essere gestita con attenzione per evitare errori umani che potrebbero causare incidenti o malfunzionamenti. La formazione dei lavoratori diventa quindi un elemento ancora più importante per garantire l'interazione in sicurezza con i macchinari automatizzati e la risposta rapida in caso di emergenza. È inoltre essenziale che l'interfaccia uomo-macchina sia progettata in modo intuitivo e che fornisca feedback chiari e tempestivi ai lavoratori.

Una questione emergente, in conclusione, riguarda la resilienza operativa degli impianti automatizzati. Con l'aumento della complessità e della connettività dei sistemi, gli impianti devono essere in grado di resistere a eventi imprevisti, come interruzioni di corrente, guasti hardware o attacchi informatici, senza compromettere la sicurezza. Ciò richiede l'implementazione di piani di continuità operativa e di sistemi di backup che possano garantire la ripresa delle operazioni in caso di guasto. L'integrazione di sistemi di monitoraggio in tempo reale e di diagnostica predittiva, in tal senso, può aiutare a rilevare i segnali di potenziali problemi prima che diventino critici, consentendo di adottare misure correttive in modo rapido ed efficace.

In che modo la Direttiva 2006/42/CE si applica ai nuovi dispositivi connessi?

La Direttiva Macchine 2006/42/CE ha rappresentato uno dei principali strumenti legislativi dell'Unione europea per garantire la sicurezza dei macchinari utilizzati nell'industria e nei contesti lavorativi. Sebbene la direttiva sia stata redatta prima dell'adozione diffusa delle tecnologie IoT e dei dispositivi connessi, essa si applica ancora oggi ai nuovi dispositivi industriali, inclusi quelli che incorporano tecnologie di connettività. Tuttavia, l'evoluzione tecnologica ha sollevato nuove questioni di sicurezza e conformità che richiedono un'interpretazione moderna dei requisiti stabiliti dalla direttiva. La Direttiva Macchine stabilisce i requisiti essenziali di salute e sicurezza che ogni macchina deve soddisfare prima di essere immessa sul mercato o messa in servizio nell'Unione europea. Questi requisiti riguardano la progettazione, la costruzione e l'uso sicuro delle macchine, inclusi i sistemi di controllo e i componenti mobili. Quando si tratta di dispositivi connessi, che possono essere collegati a reti aziendali o utilizzati in ambienti industriali automatizzati, la direttiva impone che tali dispositivi siano progettati in modo da garantire la sicurezza non solo per gli operatori, ma anche per chiunque possa interagire con la macchina a livello remoto attraverso tecnologie connesse.
Uno dei principali aspetti della direttiva applicabile ai dispositivi connessi riguarda la sicurezza dei sistemi di controllo e la loro capacità di garantire un funzionamento sicuro e affidabile. I produttori devono quindi garantire che i sistemi di controllo siano progettati per resistere a potenziali minacce

informatiche e che non possano essere compromessi da attacchi esterni. La Direttiva Macchine, pur non trattando direttamente la cybersicurezza, stabilisce comunque che i sistemi di controllo non devono presentare rischi per la sicurezza durante il funzionamento e che i produttori devono prendere in considerazione queste minacce nell'ambito della loro valutazione dei rischi.

Un altro aspetto chiave della direttiva che si applica ai dispositivi connessi è l'obbligo di valutazione dei rischi. La direttiva impone ai produttori di eseguire una valutazione completa dei rischi associati all'uso della macchina, compresi quelli derivanti dall'integrazione di tecnologie connesse. Questa valutazione deve includere tutte le fasi del ciclo di vita del prodotto, dall'installazione e uso, fino alla manutenzione e allo smaltimento. Nel caso dei dispositivi connessi, ciò significa valutare anche i rischi legati all'accesso remoto, alla possibilità di controllo a distanza e all'eventuale interazione con altri dispositivi attraverso una rete condivisa. I produttori devono quindi identificare e mitigare questi rischi, implementando misure come l'isolamento delle reti critiche, il monitoraggio delle comunicazioni in tempo reale e l'adozione di protocolli di sicurezza specifici per la gestione dei dati trasmessi e ricevuti.

Inoltre, la documentazione tecnica richiesta dalla direttiva deve essere adattata per includere informazioni dettagliate sulla sicurezza delle connessioni e delle interfacce con altri sistemi. La normativa impone ai produttori di fornire una documentazione che descriva in dettaglio come la macchina è progettata per funzionare in sicurezza. Nel caso di dispositivi connessi, questa documentazione deve includere informazioni sulle misure di sicurezza informatica adottate, sui protocolli di comunicazione utilizzati, sulle eventuali interfacce di rete e sulle modalità di aggiornamento software affinché il dispositivo resti sicuro anche dopo la sua immissione sul mercato. La direttiva non affronta direttamente la questione degli aggiornamenti software, ma nel contesto dei dispositivi connessi è fondamentale garantire che le macchine siano aggiornabili per correggere eventuali vulnerabilità di sicurezza che potrebbero emergere nel tempo.

La Direttiva 2006/42/CE richiede inoltre che le macchine siano dotate di dispositivi di arresto di emergenza, che possono essere attivati manualmente o automaticamente in caso di malfunzionamento. Nel caso dei dispositivi connessi, è possibile che il controllo della macchina avvenga a distanza. I produttori devono garantire che anche in questi casi sia possibile fermare il funzionamento della macchina in sicurezza. Questo potrebbe richiedere l'implementazione di sistemi di controllo remoto che permettano agli operatori di intervenire immediatamente in caso di emergenza, anche se non si trovano fisicamente vicino alla macchina. È importante che tali sistemi siano progettati in maniera tale da non essere vulnerabili a interruzioni o interferenze esterne, garantendo così che l'arresto d'emergenza funzioni sempre come previsto.

Un'ultima sfida riguarda la protezione dei dati. Anche se la direttiva non se ne occupa direttamente, è comunque necessario che i dispositivi connessi rispettino le normative europee in materia di protezione dei dati personali. I dispositivi connessi possono raccogliere e trasmettere dati sugli utenti e sulle loro interazioni con le macchine, il che rende necessario garantire che tali dati siano protetti in modo adeguato. I produttori devono quindi assicurarsi che i dati raccolti dai dispositivi connessi siano crittografati e trattati in conformità con le normative sulla privacy, soprattutto se i dispositivi raccolgono dati personali degli operatori o degli utenti finali.

Quali sono i requisiti di marcatura CE per le nuove tecnologie?

I requisiti di marcatura CE per le nuove tecnologie rientrano nel più ampio quadro delle normative europee volte a garantire che i prodotti immessi sul mercato dell'Unione europea rispettino determinati standard di sicurezza, salute e protezione ambientale. La marcatura CE è un'indicazione che il prodotto è conforme alle direttive e ai regolamenti dell'UE applicabili. È obbligatoria per una vasta gamma di prodotti, incluse molte delle nuove tecnologie: dispositivi connessi, macchinari automatizzati e prodotti che integrano l'intelligenza artificiale. I requisiti variano in base al tipo di prodotto e alla normativa di riferimento, ma i principi generali rimangono invariati.

Prima di tutto, uno dei requisiti fondamentali per ottenere la marcatura CE è che il produttore o l'importatore esegua una valutazione della conformità. Questo processo serve a garantire che il prodotto soddisfi tutti i requisiti essenziali stabiliti nelle direttive e nei regolamenti applicabili. Per le nuove tecnologie, come i dispositivi IoT o i sistemi basati sull'intelligenza artificiale, i requisiti di conformità possono includere la sicurezza elettrica, la compatibilità elettromagnetica, la sicurezza funzionale e la protezione contro eventuali rischi per gli utenti finali. Il produttore deve redigere una dichiarazione di conformità UE in base alla quale viene certificato che il prodotto rispetta tutti i requisiti applicabili e può essere immesso sul mercato.

Un aspetto fondamentale della marcatura CE per le nuove tecnologie riguarda la sicurezza funzionale. Molte tecnologie innovative, come i macchinari automatizzati, le applicazioni robotiche o i dispositivi IoT, devono garantire che i loro sistemi di controllo e funzionamento siano sicuri e che non vi sia alcun rischio per la salute e la sicurezza degli utilizzatori. Ad esempio, i robot industriali devono rispettare le norme di sicurezza stabilite dalla Direttiva Macchine, che prevede specifici requisiti per i sistemi di controllo, come l'arresto di emergenza, e per la protezione contro rischi meccanici e elettrici. Per le nuove tecnologie, ciò potrebbe includere anche la protezione contro i guasti del software, la gestione degli aggiornamenti e la mitigazione dei rischi di malfunzionamenti imprevisti.

La compatibilità elettromagnetica (EMC) è un ulteriore requisito chiave per molti prodotti tecnologici. Questo è particolarmente rilevante per i dispositivi elettronici e connessi che devono funzionare correttamente in un ambiente pieno di altri dispositivi elettronici senza causare interferenze elettromagnetiche che possano compromettere il loro funzionamento o quello di altri dispositivi vicini. La Direttiva EMC (2014/30/UE) impone che i prodotti non generino interferenze elettromagnetiche indesiderate e siano progettati per resistere alle interferenze provenienti da altre fonti. Per le tecnologie emergenti, come i dispositivi smart home, le apparecchiature mediche connesse o le reti di sensori IoT, garantire la compatibilità elettromagnetica è fondamentale per evitare malfunzionamenti.

Un altro requisito importante riguarda la protezione ambientale e la gestione del ciclo di vita del prodotto. Prodotti innovativi, come le tecnologie legate alle energie rinnovabili o i veicoli elettrici, devono rispettare le normative ambientali, tra cui quelle relative all'efficienza energetica, alla gestione dei rifiuti e all'uso di sostanze pericolose. Ad esempio, il Regolamento (UE) 2017/1369 sul quadro per l'etichettatura energetica impone che alcuni prodotti tecnologici indichino la loro efficienza energetica, aiutando così i consumatori a fare scelte più informate e sostenibili. Inoltre, la Direttiva RoHS (2011/65/UE) limita l'uso di sostanze pericolose come il piombo e il mercurio nei prodotti elettronici e tecnologici, il che è particolarmente rilevante per i dispositivi innovativi contenenti componenti elettronici.

Per poter apporre la marcatura CE, il produttore deve redigere una documentazione tecnica che includa tutte le informazioni necessarie a dimostrare la conformità del prodotto ai requisiti applicabili. La documentazione deve includere:

- Descrizione dettagliata del prodotto e del suo funzionamento.

- Disegni tecnici e schemi dei circuiti elettrici o elettronici, se applicabili.

- Valutazione dei rischi e misure adottate per eliminarli o ridurli.

- Risultati dei test di conformità, che possono includere test interni eseguiti dal produttore o, in alcuni casi, test eseguiti da organismi notificati indipendenti.

- Manuali d'uso e manutenzione, che devono includere tutte le istruzioni necessarie per l'uso sicuro del prodotto.

Un aspetto importante della marcatura CE per le nuove tecnologie è il fatto che alcuni prodotti possono richiedere il coinvolgimento di un organismo notificato per la valutazione della conformità. Questo è spesso il caso per prodotti che presentano rischi elevati, come dispositivi medici, ascensori o alcuni macchinari industriali complessi. L'organismo notificato è un ente terzo che esegue controlli indipendenti per verificare che il prodotto rispetti i requisiti di sicurezza. Per molte nuove tecnologie, come i dispositivi medici connessi o i sistemi di automazione avanzati, il coinvolgimento di un organismo notificato può essere essenziale per garantire che tutte le funzioni critiche, inclusa la sicurezza software, siano adeguatamente valutate.

Una volta completata la valutazione della conformità e redatta la documentazione tecnica, il produttore può apporre il marchio CE sul prodotto. Il marchio deve essere visibile, leggibile e indelebile. Deve essere apposto sia sul prodotto stesso sia, se possibile, sulla confezione o sui documenti di accompagnamento. Il marchio CE indica che il prodotto può essere venduto legalmente all'interno del mercato unico europeo.

Come si possono gestire i rischi di sicurezza dei prodotti che comprendono tecnologie di intelligenza artificiale?

La gestione dei rischi di sicurezza associati ai prodotti che integrano l'intelligenza artificiale è diventata una priorità centrale per le imprese e i regolatori, soprattutto alla luce della crescente adozione di queste tecnologie in settori critici come la sanità, la produzione industriale e i trasporti. L'intelligenza artificiale, con la sua capacità di analizzare dati in tempo reale, prendere decisioni autonome e migliorare l'efficienza operativa, introduce una nuova dimensione di complessità e rischio, che riguarda sia la sicurezza fisica degli utenti, sia la sicurezza dei dati e la protezione della privacy.

Un primo passo fondamentale nella gestione dei rischi di sicurezza nei prodotti che comprendono sistemi IA è prevedere una valutazione dei rischi approfondita durante tutto il ciclo di vita del prodotto. Questa valutazione deve considerare sia i rischi tradizionali (come guasti meccanici o errori di funzionamento) sia i nuovi rischi introdotti dall'IA, come l'imprevedibilità del comportamento del sistema e la potenziale vulnerabilità agli attacchi informatici. Una valutazione dei rischi efficace dovrebbe comprendere l'identificazione delle minacce, la stima della probabilità di occorrenza, l'analisi delle conseguenze e la pianificazione di misure di mitigazione. Ad esempio, se un prodotto che comprende IA è impiegato in un contesto industriale, sarà necessario considerare il rischio che l'IA possa prendere decisioni errate durante operazioni critiche, con conseguenze sulla sicurezza fisica dei lavoratori o sull'integrità delle macchine.

Una componente essenziale per gestire i rischi nei prodotti con IA è la trasparenza e la tracciabilità degli algoritmi utilizzati. L'IA, in particolare le tecnologie di machine learning, può agire in modo autonomo e imparare dai dati con cui viene addestrata. Questo può causare un comportamento non sempre prevedibile, soprattutto se l'IA viene esposta a nuovi dati o scenari non considerati nel processo di addestramento. Per mitigare questo rischio, è importante che i sistemi di IA siano progettati in modo trasparente, in maniera tale da permettere agli operatori di seguire il percorso decisionale. L'adozione del principio di "explainability" o "spiegabilità", per quanto di complessa attuazione tenuto conto delle caratteristiche intrinseche della tecnologia intelligente, consente di garantire che le decisioni prese dall'IA siano comprensibili, monitorabili e modificabili in caso di necessità. Se si pensa a un sistema di guida autonoma, soprattutto in fase di addestramento, è essenziale poter tracciare e spiegare il motivo per cui l'IA ha scelto una determinata manovra in una determinata situazione.

Un'altra importante strategia per la gestione dei rischi di sicurezza è l'implementazione di meccanismi di supervisione umana. Anche se i prodotti basati su IA sono progettati per essere autonomi, è fondamentale che ci sia sempre la possibilità di intervento umano in situazioni critiche. Questo può essere ottenuto attraverso sistemi di controllo che consentono agli operatori umani di monitorare l'IA in tempo reale e di intervenire per modificare le azioni del sistema in caso di comportamenti imprevisti o pericolosi. Per i sistemi IA ad alto rischio, come quelli impiegati nei settori della robotica industriale o della sanità, i regolatori possono richiedere che vi sia sempre un "human-in-the-loop" o un supervisore umano che possa fermare o correggere il funzionamento dell'IA in caso di necessità.

La cybersicurezza è un altro aspetto fondamentale nella gestione dei rischi dei prodotti con IA. Questi prodotti, essendo spesso connessi a reti e sistemi esterni, sono vulnerabili a una serie di minacce informatiche, come attacchi mirati che cerchino di manipolare gli algoritmi o alterare i dati su cui si basa il processo decisionale dell'IA. Un attacco a un sistema di IA potrebbe avere conseguenze disastrose, specialmente se l'IA viene utilizzata in sistemi critici come le infrastrutture energetiche, i trasporti pubblici o i dispositivi medici. Per mitigare questo rischio, è fondamentale adottare misure di sicurezza informatica avanzate, come la crittografia dei dati, l'autenticazione multifattoriale, la segmentazione delle reti e il monitoraggio continuo delle attività sospette. Inoltre, i sistemi di IA devono essere progettati per resistere a tentativi di manipolazione o "avvelenamento" dei dati, una tecnica in cui un attaccante introduce dati malevoli nel set di addestramento per compromettere il comportamento dell'algoritmo.

Grande attenzione va posta anche alla sicurezza dei dati utilizzati dall'IA. I prodotti basati su IA spesso fanno affidamento su grandi quantità di dati per addestrare e migliorare i loro algoritmi. Questo può includere dati personali, sensibili o riservati, come nel caso di sistemi di IA utilizzati nella sanità o nella finanza. È quindi essenziale che i dati siano trattati in conformità con le normative sulla privacy, come previsto dal GDPR. I produttori devono garantire che i dati utilizzati dall'IA siano adeguatamente protetti attraverso misure come l'anonimizzazione, la minimizzazione dei dati raccolti e la conservazione sicura degli stessi.

La validazione e il testing continuo dell'IA rappresentano un'altra strategia fondamentale per la gestione dei rischi di sicurezza. Prima di immettere un prodotto basato su IA sul mercato, è essenziale sottoporlo a test rigorosi e a controlli anche di tipo statistico della performance per verificare che funzioni come previsto e non presenti comportamenti indesiderati o pericolosi. Questo processo include test di robustezza per valutare come l'IA reagisce a dati anomali o eventi imprevisti, nonché verifiche sulla capacità di mantenere prestazioni sicure nel tempo. Inoltre, poiché l'IA può evolvere e migliorare attraverso l'apprendimento, è necessario implementare un sistema di monitoraggio post-mercato per rilevare eventuali cambiamenti nel comportamento dell'IA dopo la sua implementazione, intervenendo tempestivamente in caso di problemi.

La collaborazione con le autorità di regolamentazione e l'adozione di standard di sicurezza riconosciuti a livello internazionale sono ovviamente essenziali per la gestione dei rischi dei prodotti con IA. L'Unione europea, attraverso iniziative come il Regolamento sull'intelligenza artificiale, sta lavorando per creare un quadro normativo che garantisca la sicurezza e l'affidabilità dei prodotti basati su IA. Gli operatori devono quindi assicurarsi che i loro prodotti rispettino le norme e che siano conformi agli standard di sicurezza stabiliti.

Quali sono le norme per la sicurezza di catene e funi utilizzate nei sistemi di sollevamento?

Le catene e le funi utilizzate nei sistemi di sollevamento sono componenti critiche per garantire la sicurezza e l'efficienza delle operazioni di sollevamento di carichi pesanti. Negli ultimi anni, l'evoluzione delle normative europee e internazionali ha portato all'introduzione di nuove norme specifiche che regolano la sicurezza e l'uso di queste attrezzature. Queste nuove norme mirano a garantire che le catene e le funi utilizzate nei sistemi di sollevamento siano progettate, prodotte e mantenute secondo standard rigorosi per prevenire incidenti e garantire la protezione degli operatori.

Una delle principali normative che regolano la sicurezza delle catene e delle funi è la Direttiva Macchine. Sebbene questa direttiva copra un ampio spettro di macchinari, include disposizioni specifiche per i sistemi di sollevamento, come gru, paranchi e altri dispositivi di movimentazione dei carichi. La direttiva stabilisce che i componenti utilizzati nei sistemi di sollevamento, comprese le catene e le funi, devono essere progettati per resistere a carichi specifici e garantire che non vi sia il rischio di rottura o malfunzionamento durante l'uso normale.

In particolare, le catene e le funi devono essere conformi agli standard europei armonizzati, come le norme EN 818 e EN 12385, che definiscono i requisiti tecnici per la progettazione, la fabbricazione, il collaudo e la manutenzione di catene e funi per il sollevamento di carichi. Queste norme coprono vari aspetti, tra cui:

Materiali e costruzione

Le norme specificano i materiali che possono essere utilizzati per la produzione di catene e funi, come l'acciaio ad alta resistenza, e le caratteristiche meccaniche che devono essere garantite per resistere ai carichi previsti. Devono essere condotte prove meccaniche, come il test di resistenza alla trazione, per verificare che le catene e le funi possano supportare i carichi massimi nominali senza deformarsi o rompersi.

Fattore di sicurezza

Uno degli aspetti chiave delle norme è l'obbligo di rispettare un adeguato fattore di sicurezza, che rappresenta il rapporto tra il carico massimo di lavoro (WLL) e il carico minimo di rottura (MBL). Ad esempio, per le catene e le funi utilizzate nei sistemi di sollevamento il fattore di sicurezza deve essere sufficientemente elevato per garantire che le attrezzature possano sopportare condizioni di stress senza cedere, anche in caso di sovraccarico temporaneo.

Ispezioni e manutenzione
Le norme pongono una grande enfasi all'importanza delle ispezioni periodiche e della manutenzione preventiva delle catene e delle funi. È necessario che le attrezzature vengano ispezionate regolarmente per individuare eventuali segni di usura, corrosione o danni che potrebbero compromettere la sicurezza. La norma EN 818, per esempio, stabilisce che le catene utilizzate per il sollevamento devono essere sottoposte a ispezioni visive e test non distruttivi per verificare l'assenza di difetti strutturali.

Marcatura e tracciabilità
Un altro aspetto importante è la marcatura obbligatoria di catene e funi. Ogni catena o fune utilizzata in un sistema di sollevamento deve essere chiaramente marcata con informazioni rilevanti, come il carico massimo di lavoro (WLL), il produttore, il tipo di materiale e il numero di identificazione. La marcatura è essenziale per garantire la tracciabilità dei componenti e permettere agli operatori di verificare facilmente che le attrezzature siano adeguate al carico da sollevare.

Prove di collaudo
Le catene e le funi devono essere sottoposte a prove di collaudo iniziali prima di essere utilizzate nei sistemi di sollevamento. Le prove possono includere test di resistenza alla trazione, test di fatica e prove di rottura, che garantiscono che il prodotto possa resistere a condizioni operative reali senza fallimenti. Inoltre, alcuni sistemi di sollevamento richiedono prove periodiche per garantire che la capacità di sollevamento rimanga invariata nel

tempo.

Resistenza a condizioni ambientali
Le catene e le funi utilizzate in ambienti difficili, così come in presenza di condizioni meteorologiche estreme, agenti corrosivi o temperature elevate, devono essere progettate per resistere a tali sollecitazioni. Le norme stabiliscono requisiti specifici per garantire che le attrezzature utilizzate in questi contesti siano realizzate con materiali resistenti alla corrosione e alle variazioni termiche, garantendo la loro longevità e sicurezza operativa.

Come si possono garantire gli standard di sicurezza per i prodotti importati da paesi terzi?

Garantire gli standard di sicurezza per i prodotti importati da paesi terzi è una questione di primaria importanza per l'Unione europea, che si impegna a proteggere i consumatori e gli operatori all'interno del mercato unico europeo. I prodotti provenienti da paesi non UE devono soddisfare gli stessi requisiti di sicurezza, qualità e conformità imposti ai prodotti fabbricati nell'UE. Per raggiungere questo obiettivo, esiste un quadro normativo e regolamentare che si basa su una combinazione di controlli alla frontiera, responsabilità degli operatori economici, collaborazione internazionale e sorveglianza del mercato.

Un primo meccanismo fondamentale è rappresentato dal Regolamento (UE) 2019/1020 sulla sorveglianza del mercato e la conformità dei prodotti. Questo regolamento, entrato in vigore nel 2021, rafforza il controllo sui prodotti che entrano nel mercato dell'UE, imponendo obblighi più stringenti per gli importatori e i distributori. Secondo il regolamento, gli importatori hanno la responsabilità di garantire che i prodotti provenienti da paesi terzi siano conformi alle normative europee prima di essere immessi sul mercato. Questo include l'obbligo di verificare la presenza della marcatura CE, che attesta la conformità del prodotto alle direttive e ai regolamenti dell'UE applicabili, come la Direttiva Macchine, il Regolamento REACH per le sostanze chimiche, il Regolamento RoHS per le sostanze pericolose nei prodotti elettronici e così via.

Gli importatori devono anche assicurarsi che i prodotti importati siano accompagnati da una dichiarazione di conformità UE e dalla documentazione tecnica appropriata, che deve essere disponibile su richiesta delle autorità di sorveglianza del mercato. La documentazione tecnica comprende tutte le informazioni necessarie a dimostrare che il prodotto soddisfa i requisiti essenziali di sicurezza, come i test di laboratorio, i risultati delle valutazioni del rischio, i disegni tecnici e i certificati di conformità rilasciati da organismi notificati, se applicabile. Gli importatori sono inoltre tenuti a conservare questa documentazione per un periodo di almeno 10 anni dopo l'immissione del prodotto sul mercato, per garantire che le autorità possano verificarne la conformità nel tempo.

Un altro importante aspetto della conformità riguarda la tracciabilità dei prodotti. Per garantire che un prodotto importato sia sicuro, deve essere possibile rintracciare la sua origine e il suo percorso lungo la catena di fornitura. Secondo le normative europee, ogni prodotto importato deve essere chiaramente identificabile attraverso un numero di serie o un codice specifico. Deve anche riportare il nome e l'indirizzo del produttore, oltre alle informazioni relative all'importatore o al distributore responsabile della sua immissione sul mercato dell'UE. Una tracciabilità che consente di individuare rapidamente i prodotti non conformi o pericolosi e di adottare misure correttive, come il richiamo dal mercato o la sospensione delle vendite, in caso di problemi di sicurezza.

La collaborazione tra le autorità di sorveglianza del mercato degli Stati membri dell'UE è un altro pilastro fondamentale per garantire la sicurezza dei prodotti importati. Il Regolamento (UE) 2019/1020 ha introdotto un maggiore coordinamento tra le autorità competenti a livello nazionale e ha creato la rete europea di sorveglianza del mercato, chiamata ICSMS (Information and Communication System on Market

Surveillance), che facilita lo scambio di informazioni su prodotti non conformi o pericolosi. Questo sistema consente alle autorità nazionali di monitorare in tempo reale i prodotti che entrano nell'UE e di agire tempestivamente in caso di rilevazione di prodotti che non rispettano i requisiti di sicurezza. Inoltre, le dogane dell'UE svolgono un ruolo centrale nel controllo dei prodotti importati, bloccando l'ingresso di merci non conformi o potenzialmente pericolose.

Un altro strumento chiave per garantire la sicurezza dei prodotti importati è l'utilizzo di organismi notificati per la valutazione della conformità. Alcuni prodotti, in particolare quelli che presentano rischi elevati, come i dispositivi medici, i macchinari industriali complessi o i prodotti chimici, devono essere sottoposti a valutazioni da parte di organismi notificati indipendenti prima di essere immessi sul mercato dell'UE. Gli organismi sono incaricati di eseguire test e controlli di conformità per verificare che il prodotto soddisfi i requisiti di sicurezza previsti dalle direttive europee. Gli importatori devono garantire che i prodotti provenienti da paesi terzi siano sottoposti a queste valutazioni quando richiesto, nonché che siano in possesso di tutti i certificati necessari.

La formazione e la sensibilizzazione degli operatori economici lungo la catena di fornitura è un'altra misura essenziale per garantire la sicurezza dei prodotti importati. Gli importatori, i distributori e gli altri attori coinvolti nella catena di approvvigionamento devono essere adeguatamente informati sui requisiti di sicurezza e conformità che devono rispettare. Gli obblighi includono la formazione sulle normative europee, la corretta gestione della documentazione tecnica e la comprensione dei rischi associati ai prodotti non conformi. A tale scopo, le autorità di sorveglianza del mercato svolgono un ruolo importante nel fornire linee guida e informazioni agli operatori economici per garantire che comprendano le loro responsabilità e che adottino misure preventive per evitare l'importazione di prodotti non sicuri.

La cooperazione internazionale con i paesi esportatori, va da sé, è fondamentale per garantire che i prodotti importati siano conformi agli standard europei di sicurezza. L'UE collabora con i paesi terzi attraverso accordi commerciali e di cooperazione tecnica che promuovono l'armonizzazione delle norme di sicurezza e delle procedure di valutazione della conformità. Gli accordi possono includere il riconoscimento reciproco dei certificati di conformità, in maniera tale che sia facilitato l'accesso delle merci al mercato europeo, ma non a discapito degli standard di sicurezza previsti in Europa.

7. AI ACT E NUOVO QUADRO EUROPEO

Quali principi stabilisce il Regolamento (UE) 2024/1689 per promuovere un'intelligenza artificiale antropocentrica, sicura e coerente con i diritti fondamentali?

Il Regolamento (UE) 2024/1689, noto come AI Act, introduce principi guida che mirano a garantire lo sviluppo di un'intelligenza artificiale antropocentrica e sicura, rispettosa dei diritti umani e in linea con i valori fondamentali dell'Unione europea. La centralità dell'uomo è al cuore di questo approccio: l'IA deve essere progettata e utilizzata come uno strumento che non solo supporti ma rispetti e promuova il benessere umano, l'autonomia e la dignità personale. In quest'ottica, il regolamento stabilisce che i sistemi di IA devono sempre operare in modo trasparente, tracciabile e sicuro.

Questi principi sono strettamente correlati ai valori sanciti dalla Carta dei diritti fondamentali dell'UE, che include la protezione della dignità umana, il diritto alla vita privata e familiare, la protezione dei dati personali, la non discriminazione e il rispetto dei diritti dei minori. L'AI Act enfatizza che ogni sistema di IA utilizzato nel territorio europeo debba operare in modo da preservare questi diritti. Per garantire tale obiettivo, il regolamento introduce una classificazione dei sistemi di IA basata sul rischio, con obblighi più rigorosi per i sistemi considerati ad alto rischio, che sono soggetti a stringenti requisiti di trasparenza, robustezza tecnica e affidabilità.

I principi guida comprendono, inoltre, il divieto di pratiche manipolative e discriminanti e l'obbligo di una supervisione umana per evitare qualsiasi forma di abuso o autonomia incontrollata dei sistemi di IA. A tal fine, il regolamento fa esplicito riferimento agli orientamenti etici per un'IA affidabile elaborati dal gruppo di esperti ad alto livello sulla IA, e riprende principi come la trasparenza, la non discriminazione e l'equità, l'accountability e la robustezza tecnica.

Infine, l'AI Act integra i suoi principi guida con specifici obblighi normativi, ad esempio nei confronti dei sistemi di IA che comportano rischi per la privacy, allineandosi in modo complementare con il GDPR. Questo approccio consente di creare un ecosistema normativo europeo coerente, in cui l'innovazione tecnologica può svilupparsi senza pregiudicare i diritti e la sicurezza dei cittadini europei.

In che modo il regolamento armonizza le normative nazionali degli Stati membri per evitare la frammentazione del mercato interno?

Il Regolamento (UE) 2024/1689 mira a creare un quadro normativo armonizzato che impedisca la frammentazione delle normative sull'intelligenza artificiale tra i vari Stati membri. Una delle finalità principali dell'AI Act è garantire che le regole riguardanti l'IA siano omogenee e applicabili in tutta l'Unione europea, evitando che i singoli Stati adottino legislazioni divergenti che potrebbero compromettere il mercato interno e ostacolare la circolazione di prodotti e servizi basati sull'IA.

Per raggiungere questo obiettivo, il regolamento prevede una serie di misure standardizzate che obbligano gli Stati membri a seguire un approccio unico e coordinato. Una delle misure centrali è l'adozione di requisiti specifici e armonizzati per l'implementazione, la commercializzazione e l'uso dei sistemi di IA. I requisiti includono, tra gli altri, criteri per la trasparenza, la robustezza e la sicurezza dei sistemi di IA, con un'attenzione particolare ai sistemi di alto rischio. In tal modo, si promuove un ambiente normativo in cui le imprese non sono costrette a conformarsi a regole differenti nei diversi Paesi, ma possono operare su un mercato unico con una normativa uniforme.

Il regolamento assicura, inoltre, che la libera circolazione dei sistemi di IA sia rispettata e protetta, rendendo illegittimo per i singoli Stati membri imporre restrizioni alla distribuzione o all'utilizzo dei sistemi di IA che sono conformi all'AI Act. Le deroghe a questa libertà sono ammesse solo se esplicitamente previste dal regolamento stesso e giustificate da obiettivi legittimi di interesse pubblico.

Per facilitare questa armonizzazione, il regolamento prevede il coinvolgimento di un'autorità europea per la vigilanza sull'intelligenza artificiale, il Consiglio per l'IA, incaricato di coordinare e supervisionare l'applicazione uniforme delle regole negli Stati membri. Questo organismo lavora a stretto contatto con le autorità nazionali di sorveglianza del mercato per assicurare che il regolamento venga interpretato e applicato in maniera coerente su tutto il territorio dell'UE.

L'approccio armonizzato del regolamento si inserisce, inoltre, in una cornice più ampia di politiche digitali europee, come il GDPR, il Digital Services Act (DSA) e il Digital Markets Act (DMA). Questi strumenti legislativi sono stati progettati per operare in sinergia, promuovendo la certezza del diritto e favorendo un ambiente di mercato stabile e uniforme per tutte le imprese che sviluppano e utilizzano tecnologie digitali nell'Unione europea.

Quali sono le pratiche di IA considerate inaccettabili e vietate dal regolamento?

Il Regolamento (UE) 2024/1689 identifica alcune pratiche di IA come inaccettabili e ne vieta esplicitamente l'uso per proteggere i cittadini dell'Unione europea da rischi gravi per i diritti e i valori fondamentali. Tali pratiche sono considerate contrarie ai principi etici su cui si basa il regolamento, in linea con le linee guida per un'IA affidabile stabilite nel 2019 dal gruppo di esperti ad alto livello (AI HLEG) istituito dalla Commissione europea.

Tra le pratiche vietate, il regolamento elenca:

Manipolazione psicologica e comportamentale
Sono vietati i sistemi di IA progettati per sfruttare vulnerabilità cognitive o sociali degli individui per influenzare il

comportamento in modo inconsapevole. È vietato, ad esempio, l'uso di stimoli subliminali che inducono le persone a prendere decisioni che altrimenti non prenderebbero, compromettendo la loro autonomia.

Sfruttamento di vulnerabilità specifiche
Il regolamento proibisce l'impiego di sistemi di IA che sfruttano vulnerabilità legate all'età, alla disabilità o alla condizione economica o sociale di un individuo, qualora ciò possa causare danni significativi alla persona o al gruppo vulnerabile in questione. Tale divieto si estende, ad esempio, ai casi in cui le persone particolarmente vulnerabili (come minori o persone in stato di bisogno economico) siano soggette a tecniche di persuasione o sfruttamento di IA che le inducono a comportamenti nocivi.

Attribuzione di punteggi sociali
Il regolamento vieta l'uso di sistemi di IA per la classificazione delle persone in base a punteggi sociali, attribuiti sulla base del loro comportamento o di caratteristiche personali. Questi sistemi, in grado di valutare le persone sulla base di una serie di parametri non direttamente connessi con il contesto d'uso, possono portare a discriminazioni e a trattamenti ingiustamente sfavorevoli in ambiti non pertinenti.

Identificazione biometrica remota in tempo reale in spazi pubblici a fini di attività di contrasto
L'uso di sistemi di IA per l'identificazione biometrica remota "in tempo reale" in spazi pubblici è vietato, con poche eccezioni rigorosamente definite, come casi di minacce immediate per la sicurezza pubblica. Tale divieto riflette il potenziale invasivo di questi sistemi, che possono minare la privacy dei cittadini e limitare la loro libertà di movimento e di riunione, creando un senso di sorveglianza costante.

Queste pratiche vietate si allineano con i sette principi etici individuati dall'AI HLEG per un'IA affidabile:

- intervento e supervisione umana

- robustezza tecnica e sicurezza
- privacy e governance dei dati
- trasparenza
- diversità e non discriminazione
- benessere sociale e ambientale
- responsabilità

Il divieto di manipolazioni e sfruttamento delle vulnerabilità, ad esempio, sostiene il principio di autonomia e dignità umana, mentre la proibizione dell'attribuzione di punteggi sociali e dell'identificazione biometrica remota tutela la non discriminazione e la privacy. In questo modo, l'AI Act non solo definisce linee guida stringenti per un uso responsabile dell'IA, ma ribadisce l'impegno dell'Unione europea a costruire un'IA che rispetti e protegga i diritti fondamentali, allineandosi alle aspettative etiche e sociali dei cittadini europei.

Come si integrano le norme del nuovo regolamento con il GDPR e il trattamento dei dati personali nei sistemi di IA?

Il Regolamento (UE) 2024/1689 sull'intelligenza artificiale e il GDPR sono strettamente interconnessi, soprattutto per quanto riguarda l'uso e il trattamento dei dati personali nei sistemi di intelligenza artificiale. Entrambe le normative mirano a garantire la protezione dei diritti fondamentali delle persone fisiche, ma lo fanno con approcci complementari.

L'AI Act stabilisce regole specifiche per i sistemi di IA che trattano dati personali, richiedendo che il loro utilizzo sia conforme al GDPR e, quindi, ai principi di liceità, correttezza, trasparenza e minimizzazione dei dati. Il GDPR impone che i dati personali siano trattati solo per scopi chiari e legittimi, e che non siano raccolti più dati del necessario. L'AI Act rafforza questi principi, imponendo ai sistemi di IA requisiti stringenti in termini di trasparenza e tracciabilità, in modo che le persone coinvolte siano consapevoli di quando e come i loro dati vengono utilizzati.

Un aspetto importante di integrazione tra i due regolamenti riguarda il processo decisionale automatizzato e la profilazione. Il GDPR tutela i cittadini dal rischio di subire decisioni esclusivamente automatizzate che producono effetti giuridici o altre conseguenze significative per l'individuo (articolo 22 del GDPR). L'AI Act richiede, inoltre, che i sistemi di IA di alto rischio forniscano livelli adeguati di supervisione umana, assicurando che le decisioni non siano completamente delegate alla macchina, ma che sia possibile intervenire in caso di potenziali errori o pregiudizi. Questo approccio riduce il rischio che gli individui siano soggetti a decisioni ingiuste o discriminatorie basate unicamente sull'output di un sistema di IA.

Un altro ambito di sovrapposizione riguarda la protezione dei dati biometrici e il riconoscimento facciale. L'AI Act vieta o limita severamente l'uso di sistemi di IA per la sorveglianza biometrica remota in tempo reale, introducendo disposizioni che rafforzano la protezione già prevista dal GDPR. L'impiego di dati biometrici, come il riconoscimento facciale, è considerato altamente invasivo per la privacy degli individui e, pertanto, soggetto a restrizioni rigide in entrambi i regolamenti.

L'AI Act, inoltre, stabilisce requisiti di trasparenza e spiegabilità che si integrano con il diritto all'informazione previsto dal GDPR (articoli 13 e 14), richiedendo che gli utenti siano informati su come i sistemi di IA trattano i loro dati e su quali siano i rischi e i limiti dei sistemi utilizzati. Gli operatori sono tenuti a documentare il funzionamento dei sistemi di IA ad alto rischio e a garantire che le informazioni siano accessibili e comprensibili anche ai non esperti. Si tratta di adempimenti essenziali per consentire agli interessati di esercitare il proprio diritto di accesso, rettifica o cancellazione dei dati personali, come previsto dal GDPR.

Infine, il GDPR attribuisce alle autorità di protezione dei dati il compito di vigilare sul rispetto delle norme in materia di dati personali. L'AI Act rafforza questo meccanismo, prevedendo il coinvolgimento delle autorità nazionali di protezione dei dati nel monitoraggio dei sistemi di IA che trattano dati personali, assicurando così che i principi del GDPR siano rispettati anche nell'implementazione e gestione di sistemi di intelligenza artificiale.

L'AI Act e il GDPR lavorano insieme per creare un quadro normativo completo e coerente, che promuove l'innovazione tecnologica preservando, al contempo, il rispetto dei diritti fondamentali dei cittadini.

Qual è l'approccio del regolamento per i sistemi IA ad alto rischio?

Il Regolamento (UE) 2024/1689 adotta un approccio basato sul rischio per regolare i sistemi di intelligenza artificiale, classificando i sistemi in base al loro potenziale impatto sui diritti fondamentali, la sicurezza e il benessere dei cittadini. In particolare, per i sistemi di IA ad alto rischio, il regolamento introduce requisiti rigorosi che mirano a garantire trasparenza, sicurezza e affidabilità, oltre a una supervisione umana adeguata. Questo approccio consente di regolare in modo proporzionato i diversi tipi di IA, con norme più stringenti per quelle applicazioni che comportano rischi significativi.

Criteri per la classificazione e la conformità dei sistemi di IA ad alto rischio

Un sistema di IA è considerato "ad alto rischio" se può influire in modo rilevante su settori sensibili come la sanità, l'istruzione, l'occupazione, l'amministrazione della giustizia e l'applicazione della legge. Esempi di applicazioni ad alto rischio includono sistemi di IA utilizzati per la diagnosi medica, la selezione del personale, la valutazione di studenti o per la sorveglianza biometrica remota in tempo reale. La Commissione europea stabilisce linee guida aggiornate per identificare e classificare i sistemi di IA ad alto rischio, assicurando che la regolamentazione sia dinamica e adattabile ai rapidi sviluppi tecnologici.

Obblighi specifici per i sistemi di IA ad alto rischio
I fornitori di sistemi di IA ad alto rischio devono rispettare una serie di requisiti per immettere i sistemi sul mercato dell'UE. Tra questi obblighi sono compresi:

- *Gestione dei dati e minimizzazione del rischio*: I dati utilizzati per l'addestramento e il funzionamento dei sistemi di IA ad alto rischio devono essere di alta qualità, rappresentativi e privi di pregiudizi, per ridurre il rischio di discriminazione e garantire l'equità.

- *Trasparenza e informazione agli utenti*: I fornitori devono informare gli utenti finali e le persone coinvolte sull'uso dell'IA, specificando chiaramente il funzionamento, i limiti e i potenziali rischi del sistema. Questo include la documentazione tecnica del sistema, che deve essere disponibile per i controlli e le verifiche delle autorità competenti.

- *Supervisione e controllo umano*: I sistemi di IA ad alto rischio devono permettere una supervisione umana adeguata per evitare decisioni completamente automatizzate senza possibilità di intervento. Le organizzazioni devono garantire che gli operatori abbiano il controllo necessario per prevenire errori o abusi e per poter intervenire in caso di malfunzionamento.

- *Robustezza e sicurezza*: I sistemi devono essere progettati per essere resilienti agli attacchi e agli errori. Devono includere perciò misure per garantire la sicurezza e la precisione anche in situazioni critiche. I fornitori devono eseguire test rigorosi per verificare l'affidabilità e la robustezza dei sistemi, prevenendo malfunzionamenti che possano causare danni significativi.

- *Monitoraggio e segnalazione*: Gli operatori dei sistemi di IA ad alto rischio sono tenuti a monitorare costantemente le prestazioni del sistema e a segnalare eventuali anomalie o malfunzionamenti alle autorità competenti. Inoltre, in caso di incidenti gravi o violazioni di sicurezza, devono essere implementate procedure di segnalazione e mitigazione dei rischi.

Valutazione della conformità e registrazione
I sistemi di IA ad alto rischio devono sottoporsi a una valutazione della conformità prima della loro immissione sul mercato. Il processo può includere verifiche interne o, in alcuni casi, la supervisione di terze parti. I sistemi che superano la valutazione vengono registrati in una banca dati centralizzata gestita dalla Commissione Europea, accessibile alle autorità nazionali per la protezione dei dati e alle altre autorità di vigilanza competenti.

Rilevanza dei requisiti per i diritti fondamentali e i principi etici
I requisiti per i sistemi di IA ad alto rischio sono progettati per proteggere i diritti fondamentali, garantendo che le applicazioni tecnologiche non compromettano la privacy, la sicurezza e la dignità delle persone. L'approccio del regolamento è ispirato ai principi etici definiti dall'Unione europea per un'IA affidabile, che includono trasparenza, non discriminazione e tutela della dignità umana. La supervisione umana e la trasparenza sono centrali per evitare che i cittadini siano esposti a decisioni automatizzate senza controllo e per ridurre al minimo i rischi di discriminazione o pregiudizio.

In che modo il regolamento disciplina i sistemi di IA biometrica?

Il Regolamento (UE) 2024/1689 introduce specifiche normative per i sistemi di intelligenza artificiale che utilizzano dati biometrici, come il riconoscimento facciale, il rilevamento delle emozioni e la categorizzazione biometrica. Data la loro potenziale invasività e l'impatto sui diritti fondamentali, in particolare sulla privacy, questi sistemi sono considerati ad alto rischio e sono sottoposti a restrizioni e requisiti rigorosi per garantire che il loro utilizzo sia sicuro e rispettoso delle libertà individuali.

Disciplina dei sistemi di IA biometrici nel regolamento
I sistemi di IA biometrici possono essere utilizzati per

identificare, monitorare o categorizzare gli individui attraverso caratteristiche fisiche o comportamentali, come il volto, la voce o le impronte digitali. Tuttavia, il regolamento impone una serie di limiti per evitare che questi strumenti violino la privacy o favoriscano la sorveglianza di massa, limitando l'uso di tali tecnologie in contesti specifici e solo a determinate condizioni.

- *Vietato l'uso della sorveglianza biometrica remota "in tempo reale" negli spazi pubblici*: Il regolamento vieta l'uso dei sistemi di riconoscimento biometrico remoto "in tempo reale" in spazi accessibili al pubblico per attività di sorveglianza e identificazione, salvo in circostanze eccezionali. Solo in situazioni di minaccia imminente per la sicurezza pubblica, come nel caso di un attentato terroristico o di ricerca di una persona scomparsa, è consentito l'uso di queste tecnologie. Anche in tali casi, devono essere adottate misure di garanzia rigorose, come l'autorizzazione preventiva da parte di un'autorità giudiziaria.
- *Riconoscimento delle emozioni e categorizzazione biometrica:* L'AI Act limita severamente l'uso di sistemi di IA progettati per identificare emozioni o categorizzare le persone sulla base di dati biometrici. Questi sistemi non possono essere utilizzati per classificare le persone secondo caratteristiche personali come l'etnia, l'orientamento sessuale o le convinzioni religiose, in linea con i principi di non discriminazione e rispetto della dignità sanciti dalla Carta dei diritti fondamentali dell'UE. L'impiego di questi strumenti è quindi consentito solo in contesti specifici e con finalità giustificate, senza mai compromettere la privacy o la libertà individuale.
- *Trasparenza e informazione*: Gli utenti e i cittadini devono essere informati se vengono utilizzati sistemi di IA che implicano il trattamento dei loro dati biometrici. I fornitori di questi sistemi sono tenuti a fornire documentazione chiara e accessibile che spieghi il funzionamento del sistema, le finalità d'uso, i rischi e le misure adottate per minimizzare gli impatti negativi sulla privacy e sui diritti.

Integrazione con il GDPR e altre normative europee
Il Regolamento (UE) 2024/1689 si integra con il GDPR e con la Direttiva (UE) 2016/680, che disciplina la protezione dei dati personali trattati per finalità di contrasto e sicurezza. Entrambi i regolamenti pongono regole precise sul trattamento dei dati biometrici, considerati una categoria di dati sensibili che richiede particolari misure di protezione. Il GDPR stabilisce che i dati biometrici possano essere trattati solo in presenza di un chiaro consenso dell'interessato o per motivi di rilevante interesse pubblico, mentre l'AI Act rafforza tali disposizioni con ulteriori obblighi specifici per i fornitori di sistemi di IA. Inoltre, il regolamento impone l'obbligo di supervisione e audit da parte delle autorità nazionali di protezione dei dati per garantire la conformità dei sistemi di IA biometrici alle normative sulla privacy. Questo assicura che il trattamento dei dati biometrici avvenga nel rispetto dei diritti degli interessati e consente l'intervento delle autorità qualora un sistema di IA violi le norme stabilite.

Misure di sicurezza e requisiti tecnici
Per evitare rischi di discriminazione o violazione della privacy, il regolamento richiede che i sistemi di IA biometrici siano progettati con elevati standard di sicurezza e affidabilità. I fornitori devono garantire che i dati biometrici utilizzati siano accurati, rilevanti e aggiornati per ridurre al minimo errori e falsi positivi. Inoltre, il sistema deve essere sottoposto a valutazioni tecniche rigorose e periodiche per verificare che funzioni in modo conforme alle normative e non crei impatti negativi.

Protezione dei diritti fondamentali e principi etici
L'AI Act, attraverso queste disposizioni, mira a proteggere i diritti fondamentali dei cittadini, tra cui il diritto alla privacy, la protezione dei dati personali e la non discriminazione. I limiti imposti all'uso dei sistemi di IA biometrici riflettono l'approccio etico dell'Unione europea verso l'intelligenza artificiale, che deve essere sicura, trasparente e rispettosa della dignità umana.

Come viene regolamentato l'uso dei sistemi di identificazione biometrica "in tempo reale" negli spazi pubblici per finalità di sicurezza e attività di contrasto?

Il Regolamento (UE) 2024/1689 stabilisce severe restrizioni sull'uso dei sistemi di identificazione biometrica "in tempo reale" negli spazi pubblici per finalità di sicurezza e attività di contrasto, riconoscendo il potenziale impatto invasivo di tali tecnologie sulla privacy e sui diritti fondamentali dei cittadini. L'identificazione biometrica "in tempo reale" è particolarmente delicata perché può creare una sorveglianza di massa, violando il diritto alla privacy, alla libertà di movimento e alla libertà di riunione.

Principio generale di divieto e eccezioni limitate
Il regolamento prevede il divieto generale dell'uso di sistemi di identificazione biometrica remota "in tempo reale" in spazi pubblici per finalità di attività di contrasto. Tuttavia, sono previste alcune eccezioni molto specifiche e rigorosamente limitate per le quali l'uso di tali sistemi può essere autorizzato. Queste eccezioni includono situazioni in cui l'uso dell'identificazione biometrica è ritenuto necessario per:

- *Prevenire una minaccia imminente alla vita o alla sicurezza fisica delle persone*: Ad esempio, in caso di rischio immediato di attacchi terroristici o di altre emergenze di sicurezza pubblica, l'uso di tecnologie di identificazione biometrica potrebbe essere autorizzato per facilitare l'individuazione e l'intervento rapido da parte delle autorità.
- *Localizzare persone scomparse, inclusi minori o soggetti vulnerabili*: In situazioni di emergenza come il ritrovamento di una persona scomparsa, le autorità possono fare ricorso a queste tecnologie per identificare e localizzare rapidamente la persona in pericolo.
- *Individuare autori o sospetti di reati gravi*: L'uso

dell'identificazione biometrica può essere autorizzato per rintracciare sospettati di gravi reati punibili con una pena privativa della libertà di almeno quattro anni, come definiti dalle normative nazionali e dall'elenco dei reati riportato nel regolamento.

Condizioni di autorizzazione e garanzie procedurali
Per poter utilizzare questi sistemi, è necessario ottenere un'autorizzazione preventiva da parte di un'autorità giudiziaria o di un'autorità amministrativa indipendente, la cui decisione deve essere vincolante. Questa autorizzazione preventiva deve essere specifica per ogni singolo caso, con una chiara definizione delle finalità e dei limiti d'uso. In situazioni di emergenza straordinaria, dove non è possibile ottenere l'autorizzazione preventiva, il regolamento consente l'uso temporaneo dei sistemi di IA, ma con l'obbligo di richiedere l'autorizzazione appena possibile, e comunque entro 24 ore.

L'uso dei sistemi deve essere proporzionato e limitato sia temporalmente che geograficamente: il periodo d'uso e l'area geografica di sorveglianza devono essere strettamente limitati a quanto necessario per affrontare la minaccia specifica. Inoltre, deve essere assicurato che i dati biometrici raccolti vengano trattati e conservati in conformità con le normative sulla protezione dei dati personali, inclusi il GDPR e altre disposizioni sulla sicurezza e privacy dei cittadini.

Valutazione d'impatto sui diritti fondamentali
Prima di autorizzare l'uso di identificazione biometrica "in tempo reale" in spazi pubblici, le autorità competenti devono condurre una valutazione d'impatto sui diritti fondamentali per analizzare le potenziali conseguenze dell'uso del sistema sulla privacy, sulla libertà di movimento e su altri diritti dei cittadini. Questa valutazione è essenziale per assicurarsi che l'uso della tecnologia non porti a discriminazioni o a pregiudizi verso determinate categorie di persone.

Trasparenza e supervisione
Il regolamento impone che ogni utilizzo di identificazione

biometrica remota "in tempo reale" sia registrato in una banca dati centralizzata e supervisionato dalle autorità nazionali di protezione dei dati e dalle autorità di vigilanza del mercato. Queste autorità devono presentare rapporti annuali alla Commissione europea sull'uso di tali tecnologie, assicurando trasparenza e responsabilità nell'implementazione di queste misure straordinarie.

Protezione dei diritti fondamentali
Queste norme riflettono un forte impegno dell'Unione europea a proteggere i diritti fondamentali e a garantire che le tecnologie di sorveglianza siano usate solo in casi eccezionali e con salvaguardie adeguate. L'AI Act cerca di bilanciare la sicurezza pubblica e la privacy dei cittadini, impedendo la sorveglianza di massa e promuovendo un uso proporzionato e responsabile della tecnologia.

A quali incentivi o misure di supporto per l'innovazione responsabile nell'IA possono accedere le PMI e le start-up?

L'AI Act non si limita a stabilire regole di conformità per l'uso dell'intelligenza artificiale, ma include anche misure di supporto e incentivi volti a promuovere l'innovazione responsabile in Europa. In particolare, il regolamento riconosce l'importanza delle piccole e medie imprese (PMI) e delle start-up, che rappresentano una parte essenziale del panorama tecnologico europeo e hanno un ruolo chiave nello sviluppo di soluzioni innovative di intelligenza artificiale. A tal fine, l'AI Act introduce alcune iniziative per sostenere la crescita di queste imprese nel rispetto delle norme di sicurezza e trasparenza.

Misure di supporto per PMI e start-up

- *Sostegno finanziario e incentivi all'innovazione*: L'AI Act prevede l'istituzione di programmi di finanziamento specifici per favorire la ricerca, lo sviluppo e la sperimentazione di soluzioni di IA da parte di PMI e start-up. Attraverso questi fondi, l'Unione europea intende aiutare le piccole imprese a superare le barriere economiche legate all'implementazione di sistemi IA conformi ai requisiti tecnici del regolamento. Tali programmi di finanziamento sono spesso co-finanziati dagli Stati membri e mirano a coprire parte dei costi legati alla conformità normativa, consentendo alle imprese di concentrarsi sull'innovazione senza dover sostenere l'intero onere finanziario.

- *Spazi di sperimentazione normativa (sandbox regolatori)*: L'AI Act introduce l'uso di sandbox regolatori, cioè ambienti protetti in cui le imprese, specialmente PMI e start-up, possono testare i loro sistemi di IA in un contesto monitorato e sotto la supervisione delle autorità competenti. In questi spazi, le aziende possono sviluppare e sperimentare nuove tecnologie senza essere immediatamente soggette a tutte le regole normative applicabili. Le sandbox regolatori offrono quindi un ambiente favorevole all'innovazione, in cui è possibile verificare la conformità alle norme in modo flessibile e con il supporto delle autorità di vigilanza.

- *Assistenza tecnica e linee guida per la conformità*: L'AI Act prevede che le autorità europee e nazionali forniscano assistenza tecnica e linee guida specifiche per facilitare la comprensione e l'applicazione delle normative. Queste risorse, destinate in particolare alle PMI, sono cruciali per chiarire i requisiti di conformità e ridurre la complessità normativa, spesso difficilmente gestibile per le piccole imprese con risorse limitate. L'assistenza tecnica può includere manuali operativi, formazione e consultazioni, che aiutano le PMI a sviluppare prodotti IA conformi fin dalle fasi iniziali del progetto.

- *Riduzione degli oneri di conformità*: Per evitare che i requisiti del regolamento siano eccessivamente onerosi per le PMI, l'AI Act prevede misure specifiche di semplificazione normativa, adattando alcuni obblighi di conformità alle dimensioni e alla capacità delle imprese. Ad esempio, le PMI possono beneficiare di processi di valutazione della conformità semplificati o di tempi di adeguamento più lunghi. La flessibilità è pensata per sostenere le piccole imprese senza compromettere gli standard di sicurezza e affidabilità richiesti dal regolamento.

Ecosistema dell'innovazione e cooperazione europea
Il regolamento promuove anche la collaborazione tra imprese, università e centri di ricerca, incentivando la condivisione di risorse e conoscenze per accelerare l'innovazione nell'IA. Vengono favoriti partenariati pubblico-privato e programmi di ricerca congiunta per aiutare le PMI a sviluppare tecnologie all'avanguardia, incoraggiando al contempo l'adozione di standard etici e di trasparenza.

Inoltre, l'AI Act prevede il coinvolgimento del Consiglio europeo per l'Intelligenza Artificiale, che ha il compito di monitorare e coordinare le iniziative di sostegno all'innovazione e di promuovere buone pratiche tra gli Stati membri. Attraverso la cooperazione a livello europeo, il regolamento mira a creare un ecosistema dell'innovazione inclusivo e competitivo che consenta all'UE di diventare un leader globale nell'IA.

Promozione dell'IA etica e sostenibile
L'AI Act incoraggia, infine, lo sviluppo di un'IA etica e sostenibile, richiedendo alle imprese di integrare principi etici e di trasparenza nei loro sistemi fin dalle fasi di progettazione. Questo approccio si riflette anche nei criteri di finanziamento e nei requisiti di accesso ai programmi di sostegno, che premiano le imprese impegnate a rispettare valori come la tutela dei diritti umani, la non discriminazione e la responsabilità ambientale. Le PMI e le start-up che rispettano questi principi possono accedere a incentivi specifici e ottenere un vantaggio competitivo nel mercato europeo.

In che modo il regolamento si collega alle norme sui Servizi Digitali e i Mercati Digitali?

Il Regolamento (UE) 2024/1689 si integra con altre normative chiave dell'Unione europea, come il Digital Services Act (DSA) e il Digital Markets Act (DMA), per costruire un quadro normativo coeso e omogeneo che disciplina la trasformazione digitale in Europa. Ciascuna di queste normative affronta aspetti specifici del mondo digitale, ma insieme promuovono l'innovazione, garantiscono la sicurezza e proteggono i diritti dei cittadini europei nell'ecosistema digitale.

Digital Services Act (DSA) e AI Act

Il Digital Services Act è focalizzato sulla regolamentazione dei servizi digitali, in particolare delle piattaforme online, con l'obiettivo di migliorare la sicurezza degli utenti e limitare la diffusione di contenuti illegali. Esso impone alle piattaforme digitali obblighi di trasparenza, responsabilità e moderazione dei contenuti, obbligando le grandi piattaforme a prevenire l'abuso dei loro servizi e a tutelare gli utenti. Questa normativa è particolarmente rilevante per le piattaforme che integrano l'intelligenza artificiale per gestire contenuti, raccomandare informazioni o filtrare contenuti dannosi.

L'AI Act si collega al DSA nel momento in cui regola i sistemi di IA utilizzati per scopi di moderazione dei contenuti e protezione degli utenti online. Per esempio, se una piattaforma utilizza algoritmi di IA per filtrare contenuti illegali o per la classificazione di informazioni, tali sistemi devono rispettare le disposizioni dell'AI Act, in particolare se sono considerati sistemi ad alto rischio. Il DSA e l'AI Act quindi si completano: il DSA disciplina il quadro generale dei servizi digitali, mentre l'AI Act si occupa specificamente dei requisiti per l'IA utilizzata in tali contesti, assicurando che sia trasparente, sicura e conforme ai diritti fondamentali.

Entrambi i regolamenti richiedono trasparenza nell'uso degli algoritmi e dell'IA per garantire che gli utenti siano informati sulle decisioni automatizzate che li riguardano e possano comprenderne i meccanismi. Questa sinergia garantisce agli utenti maggiori tutele, fornendo al contempo un quadro regolatorio chiaro e prevedibile per le imprese.

Digital Markets Act (DMA) e AI Act

Il Digital Markets Act è stato introdotto per regolamentare

i cosiddetti "gatekeeper" digitali, ovvero quelle grandi piattaforme che, per dimensione e influenza, controllano l'accesso a una porzione significativa del mercato digitale. Il DMA mira a impedire pratiche anticoncorrenziali, garantendo condizioni di parità e proteggendo i diritti dei consumatori. I gatekeeper, come le grandi piattaforme di ricerca e social media, hanno spesso un'influenza notevole sulle modalità di accesso a beni e servizi digitali, e questo può riguardare anche i sistemi di IA integrati nei loro servizi.

L'AI Act e il DMA sono complementari poiché, mentre il DMA impedisce alle piattaforme dominanti di abusare del proprio potere di mercato, l'AI Act introduce norme per garantire che l'IA utilizzata da tali piattaforme sia sicura, etica e non discriminatoria. Se una piattaforma gatekeeper utilizza sistemi di IA per classificare i fornitori o favorire i propri servizi, tali algoritmi dovranno essere conformi ai principi dell'AI Act, come l'equità, la trasparenza e la prevenzione di comportamenti discriminatori o pregiudizievoli. Questo approccio congiunto rafforza la trasparenza e la competitività nel mercato, assicurando che l'IA non venga usata in modo che penalizzi i consumatori o altri operatori del settore.

Creazione di un quadro normativo coeso
Insieme, l'AI Act, il DSA e il DMA delineano un ecosistema normativo europeo che promuove un mercato digitale innovativo, aperto e sicuro, in cui sia le grandi piattaforme che le piccole imprese sono tenute a rispettare standard elevati di responsabilità e trasparenza. Questa combinazione di normative:

- *Protegge i diritti degli utenti*: Il DSA e l'AI Act lavorano per garantire che gli utenti siano informati e tutelati, in particolare quando le loro interazioni online vengono mediate da algoritmi di IA. La trasparenza sull'uso dell'IA nelle piattaforme digitali e la possibilità di comprendere e contestare le decisioni automatizzate sono principi fondamentali per una tutela efficace dei diritti dei cittadini.

- *Promuove la concorrenza e previene l'abuso di potere di mercato*: Attraverso il DMA, l'UE regola i comportamenti dei gatekeeper, mentre l'AI Act garantisce che i sistemi di IA utilizzati per facilitare queste interazioni siano conformi a requisiti etici e di sicurezza. Questo quadro regolatorio riduce il rischio che i consumatori e i piccoli concorrenti siano penalizzati dall'uso di IA e algoritmi discriminatori da parte delle piattaforme dominanti.
- *Favorisce l'innovazione responsabile*: Le tre normative promuovono un ambiente di innovazione che sia responsabile e sicuro. L'AI Act offre alle imprese, specialmente alle PMI e alle start-up, il supporto necessario per sviluppare nuove soluzioni IA in modo conforme alle regole europee, creando così un mercato che sostiene l'innovazione, ma non a scapito dei diritti individuali e della concorrenza.

Quali sono le conseguenze e gli obblighi per i fornitori di IA con sede fuori dall'UE, i cui sistemi producono effetti nell'Unione?

Il Regolamento (UE) 2024/1689 sull'intelligenza artificiale stabilisce obblighi specifici per i fornitori di IA con sede al di fuori dell'Unione europea i cui sistemi producono effetti all'interno dell'UE. Questa portata extraterritoriale riflette l'impegno dell'Unione a proteggere i diritti dei cittadini europei e a creare un mercato tecnologico trasparente e sicuro, indipendentemente dalla provenienza geografica dei fornitori di IA. I fornitori esterni devono conformarsi ai requisiti dell'AI Act se i loro sistemi sono destinati a essere utilizzati nell'Unione, anche se sviluppati o gestiti al di fuori dei suoi confini.

Obblighi per i fornitori extra-UE
I fornitori di IA non europei sono soggetti a una serie di obblighi quando i loro sistemi di IA sono utilizzati all'interno dell'UE.
Tra i principali requisiti:
- *Designazione di un rappresentante*: I fornitori di IA che operano da Paesi extra-UE devono designare un rappresentante

all'interno dell'Unione. Il rappresentante è punto di contatto per le autorità di vigilanza e per gli utenti europei e ha il compito di garantire la conformità alle normative dell'AI Act. Il rappresentante può essere ritenuto responsabile per eventuali inadempienze del fornitore di IA, il che aumenta la responsabilità del fornitore e facilita l'applicazione delle norme nell'UE.

- *Conformità con i requisiti per i sistemi ad alto rischio*: Se un sistema di IA fornito da un operatore extra-UE è classificato come ad alto rischio, il fornitore è tenuto a garantire che il sistema soddisfi tutti i requisiti del regolamento, inclusi i requisiti di trasparenza, sicurezza e supervisione umana. Per esempio, i fornitori esterni devono documentare tecnicamente il sistema, eseguire valutazioni di conformità e dimostrare che il loro prodotto rispetta gli standard di robustezza e affidabilità previsti per i sistemi ad alto rischio.

- *Trasparenza e informazione agli utenti*: I fornitori extra-UE devono garantire la trasparenza sui propri sistemi, informando gli utenti in merito alle finalità e ai limiti dell'IA utilizzata. Questo obbligo di trasparenza è necessario per assicurare che gli utenti europei comprendano il funzionamento e i possibili rischi dell'IA, specialmente in contesti in cui queste tecnologie possono avere effetti diretti sui diritti o sulle decisioni degli individui.

- *Valutazione della conformità e registrazione*: I fornitori extra-UE di sistemi di IA ad alto rischio devono sottoporsi a una valutazione della conformità, per garantire che il sistema soddisfi gli standard di sicurezza e trasparenza stabiliti dall'AI Act. Una volta superata la valutazione, il sistema viene registrato in una banca dati centralizzata dell'UE, accessibile alle autorità di controllo europee. Questo passaggio è fondamentale per garantire una sorveglianza efficace dei sistemi di IA, anche quando il fornitore non è fisicamente presente nell'Unione.

- *Obbligo di segnalazione di incidenti e anomalie*: In caso di malfunzionamenti o incidenti significativi che coinvolgano il sistema di IA, i fornitori extra-UE devono notificarlo prontamente alle autorità europee competenti, consentendo una risposta rapida e adeguata. Questo obbligo mira a proteggere la sicurezza e i diritti dei cittadini europei, permettendo alle autorità di monitorare e intervenire in caso di problemi critici.

Applicazione extraterritoriale e cooperazione internazionale
La portata extraterritoriale dell'AI Act mira a impedire che i fornitori di IA esteri eludano le normative europee semplicemente operando da Paesi terzi. In tal senso, il regolamento prevede la possibilità di sanzionare i fornitori non conformi, anche quando hanno sede fuori dall'UE. Le autorità europee di vigilanza possono collaborare con le autorità dei Paesi terzi per garantire che i sistemi di IA venduti o utilizzati in Europa rispettino le norme europee. Inoltre, l'Unione promuove accordi di cooperazione internazionale per allineare gli standard di regolamentazione dell'IA, favorendo un contesto normativo condiviso a livello globale.

Impatto sul mercato e tutela dei cittadini europei
Le disposizioni appena richiamate sono essenziali per garantire che i cittadini europei siano protetti dagli effetti potenzialmente negativi dell'IA, anche se tali sistemi provengono da Paesi esterni all'UE. Attraverso l'applicazione uniforme delle norme, l'AI Act preserva la fiducia degli utenti europei e crea condizioni di concorrenza eque per tutte le imprese operanti nell'Unione. Il quadro normativo intende così assicurare che tutti i sistemi di IA venduti e utilizzati in Europa rispettino standard elevati di sicurezza e tutela dei diritti, indipendentemente dalla loro provenienza geografica.

CONCLUSIONI

Questo volume ha cercato di offrire uno strumento di orientamento per esplorare il panorama delle normative europee legate all'innovazione digitale, affrontando gli aspetti giuridici che emergono in settori in rapida evoluzione come l'intelligenza artificiale, la protezione dei dati e la sicurezza informatica. La trattazione abbraccia una vasta gamma di tematiche che spaziano dai diritti e doveri dei soggetti coinvolti nella digitalizzazione alla protezione della privacy, fino all'analisi delle normative destinate a regolare il mercato e le attività legate alle tecnologie avanzate.

L'obiettivo era quello di proporre un quadro accessibile e articolato delle norme che incidono sul mondo delle tecnologie digitali, offrendo una panoramica critica delle disposizioni esistenti, dei rischi e delle opportunità per i vari operatori. In un contesto dove la tecnologia evolve più rapidamente della regolamentazione, il volume evidenzia il ruolo fondamentale del diritto come garante della sicurezza e dei diritti individuali, pur nel rispetto della libertà d'innovazione.

Tra i vari argomenti trattati, emerge la questione del regolamento europeo sull'intelligenza artificiale, che rappresenta uno degli strumenti più significativi introdotti recentemente dall'Unione europea per stabilire un quadro armonizzato e sicuro per lo sviluppo e l'uso delle tecnologie IA. Il regolamento, primo nel suo genere a livello mondiale, mira a creare regole comuni che tengano conto delle sfide etiche e pratiche che derivano dall'applicazione dell'intelligenza artificiale, introducendo criteri per classificare e gestire i rischi dei sistemi IA in vari contesti, dai settori più sensibili come la sanità, fino all'automazione e alla robotica.

La trattazione del regolamento IA è volutamente non centrale in questo libro, dato che si tratta di una norma in fase di attuazione progressiva, le cui disposizioni non sono ancora cogenti per gli operatori del settore. Al momento in cui scriviamo (autunno 2024) la maggior parte delle imprese e dei professionisti attivi nell'ambito dell'IA non è infatti ancora soggetta agli obblighi previsti, per cui si è ritenuto più utile concentrare l'attenzione su altri ambiti giuridici già pienamente operativi e rilevanti per gli operatori. Uno specifico approfondimento dedicato al regolamento IA potrà avere luogo nel prossimo futuro, così da offrire una guida più dettagliata sulle applicazioni e implicazioni nei diversi settori.

PRINCIPALI NORME DI RIFERIMENTO PER LE MATERIE TRATTATE

Norme europee

Direttiva 2006/42/CE del Parlamento Europeo e del Consiglio del 17 maggio 2006 relativa alle macchine e che modifica la direttiva 95/16/CE (direttiva macchine)

Direttiva 2011/65/UE del Parlamento Europeo e del Consiglio dell'8 giugno 2011 sulla restrizione dell'uso di determinate sostanze pericolose nelle apparecchiature elettriche ed elettroniche (direttiva RoHS)

Regolamento Generale sulla Protezione dei Dati (regolamento europeo sulla protezione dei dati) (UE) 2016/679 del Parlamento Europeo e del Consiglio del 27 aprile 2016 relativo alla protezione delle persone fisiche con riguardo al trattamento dei dati personali e alla libera circolazione di tali dati

Regolamento (UE) 2017/745 del Parlamento Europeo e del Consiglio del 5 aprile 2017 relativo ai dispositivi medici e che abroga la direttiva 93/42/CEE e la direttiva 90/385/CEE

Regolamento (UE) 2017/1369 del Parlamento Europeo e del Consiglio del 4 luglio 2017 che istituisce un quadro per l'etichettatura energetica e abroga la direttiva 2010/30/UE

Regolamento (UE) n. 2019/881 del Parlamento Europeo e del Consiglio del 17 aprile 2019 relativo all'Agenzia dell'Unione europea per la cybersicurezza (ENISA) e alla certificazione della cybersicurezza delle tecnologie dell'informazione e della comunicazione

Regolamento (UE) 2019/1020 del Parlamento Europeo e del Consiglio del 20 giugno 2019 sulla sorveglianza del mercato e la conformità dei prodotti e che modifica la direttiva 2004/42/CE e i regolamenti (CE) n. 765/2008 e (UE) n. 305/2011

Direttiva (UE) 2019/1937 del Parlamento Europeo e del Consiglio del 23 ottobre 2019 sulla protezione delle persone che segnalano violazioni del diritto dell'Unione

Regolamento (UE) 2023/1230 del Parlamento Europeo e del Consiglio del 14 giugno 2023 sui macchinari e che abroga la direttiva 2006/42/CE

Regolamento (UE) 2024/1689 del Parlamento Europeo e del Consiglio del 13 giugno 2024 che stabilisce regole armonizzate sull'intelligenza artificiale e modifica i regolamenti (CE) n. 300/2008, (UE) n. 167/2013, (UE) n. 168/2013, (UE) 2018/858, (UE) 2018/1139 e (UE) 2019/2144 e le Direttive 2014/90/EU, (EU) 2016/797 e (EU) 2020/1828 (regolamento sull'intelligenza artificiale)

Regolamento (UE) 2022/2065 del Parlamento Europeo e del Consiglio del 19 ottobre 2022 relativo a un mercato unico dei servizi digitali e che modifica la direttiva 2000/31/CE (regolamento sui servizi digitali)

Regolamento (UE) 2022/1925 del Parlamento Europeo e del Consiglio del 14 settembre 2022 relativo a mercati equi e contendibili nel settore digitale e che modifica le direttive (UE) 2019/1937 e (UE) 2020/1828 (regolamento sui mercati digitali)

Norme Tecniche ISO e UNI

ISO 31000:2018 - Gestione del rischio: Linee guida per l'implementazione della gestione del rischio, applicabile anche per valutare i rischi nei prodotti tecnologici e nell'intelligenza artificiale

ISO 27001:2013 - Tecniche di sicurezza delle informazioni: Sistemi di gestione della sicurezza delle informazioni, fondamentali per la cybersicurezza e la protezione dei dati personali

ISO/IEC 27005:2018 - Gestione dei rischi di sicurezza delle informazioni: Linee guida per la gestione del rischio nell'ambito della sicurezza informatica e della protezione dei dati

ISO/IEC 38500:2015 - Corporate governance delle tecnologie dell'informazione: Linee guida per la gestione e la governance delle tecnologie dell'informazione all'interno delle aziende

ISO/TS 15066:2016 - Robot collaborativi: Specifica tecnica ISO per la progettazione e l'utilizzo sicuro di robot collaborativi, rilevante per garantire la sicurezza nei luoghi di lavoro in cui interagiscono lavoratori e macchine

ISO 10218-1:2011 e ISO 10218-2:2011 - Requisiti di sicurezza per i robot industriali: Norme ISO che stabiliscono i requisiti di sicurezza per l'uso di robot industriali nei sistemi di automazione

UNI EN 818 - Serie di norme riguardanti catene per il sollevamento di carichi: Requisiti di sicurezza e specifiche tecniche per catene di sollevamento, particolarmente rilevante per garantire la sicurezza nei settori della logistica e del sollevamento di carichi pesanti

UNI EN 12385 - Funi d'acciaio: Requisiti di sicurezza per l'uso di funi nei sistemi di sollevamento, che includono la progettazione, la costruzione e i test necessari per garantire l'integrità del prodotto

ISO 13849-1:2015 - Sicurezza delle macchine - Parti dei sistemi di comando legate alla sicurezza: Linee guida per garantire che le macchine, inclusi i dispositivi connessi e automatizzati, abbiano sistemi di controllo sicuri

UNI EN ISO 14120:2015 - Ripari - Requisiti generali di progettazione e costruzione: Normativa UNI per la progettazione sicura di macchinari e ripari per la protezione degli operatori

ISO 14971:2019 - Dispositivi medici - Applicazione della gestione del rischio ai dispositivi medici: Riguarda l'applicazione della gestione del rischio ai dispositivi medici, essenziale per la sicurezza di prodotti medici tecnologicamente avanzati

ISO 45001:2018 - Sistemi di gestione della salute e sicurezza sul lavoro: Linee guida per la gestione della sicurezza dei lavoratori in contesti industriali, rilevante per le nuove tecnologie e l'automazione

ISO 37301:2021 - Sistemi di gestione della conformità: Requisiti con guida per l'uso, rilevante per garantire la conformità dei prodotti importati e l'integrità della catena di fornitura

GLI AUTORI

Carmelo Greco è un giornalista professionista. Attualmente dirige la testata online «Elzevir.it», un esperimento che combina intelligenza artificiale e competenze autoriali in vista di una nuova forma di giornalismo culturale. In passato ha collaborato con diverse testate occupandosi di economia, cultura, società e tematiche legate al mondo non profit. Negli ultimi anni ha seguito soprattutto le nuove frontiere della trasformazione digitale analizzando l'impatto generato dai cambiamenti tecnologici sui modelli di business e sui processi organizzativi delle imprese. Ha scritto alcune opere teatrali rappresentate nell'Istituto Penitenziario di Siracusa, di cui tre confluite nella raccolta *L'Italia e altre commedie* (Edizioni di Pagina, 2016). È autore dei romanzi *Le stagioni di Cavabella* (Libromania, 2016), *Focara di Sangue* (Fogliodivia, 2020) e *La strada di Miriam* (Scatole Parlanti, 2023), nonché delle storie d'impresa *Sui banchi del Salento* (Rubbettino, 2019) e *L'innovazione fatta bellezza* (Rubbettino, 2024).

Roberto Sammarchi è un avvocato del foro di Bologna, abilitato al patrocinio davanti alle giurisdizioni superiori e specialista in diritto dell'informazione, della comunicazione digitale e della tutela dei dati personali. Presta servizi legali in Germania come avvocato europeo notificato alla Camera Avvocati di Monaco di Baviera. È dottore di ricerca in informatica giuridica e diritto dell'informatica. Ha conseguito il master universitario in diritto tributario e svolto percorsi di alta formazione in amministrazione, finanza e controllo, legislazione alimentare e diritto comunitario. È docente dal 2007 nel master universitario in ingegneria clinica e dispositivi medici dell'Università di Bologna, dove cura un corso sulle responsabilità giuridiche nelle professioni tecniche e sanitarie. Manager dell'innovazione e internal auditor, è impegnato in numerose realtà associative, fra cui AIAS (Associazione Italiana Ambiente e Sicurezza) e Federmanager. È autore di numerose pubblicazioni sul diritto della tecnologia digitale e, in questa collana dedicata a *Imprese e Diritti*, ha pubblicato i testi *La nuova legge tedesca sulle catene di fornitura (Lieferkettengesetz): Guida pratica con testo della legge in Italiano e procedura di due diligence* (2023) e *I diritti dell'oceano: Guida alla lettura dell'Accordo ONU sull'Alto Mare* (2024).

www.ingramcontent.com/pod-product-compliance
Lightning Source LLC
Chambersburg PA
CBHW052315220526
45472CB00001B/136